빼앗긴 **나라**의 위대한 **영웅**들

인물로 읽는 한국사

빼앗긴 나라의 위대한 영웅들

김해원 글 — 최미란 그림

휴먼어린이

초대하는 글

일본에 나라를 강제로 빼앗긴 지 20년이 지난 1930년대, 우리 민족의 미래는 암울했습니다. 1919년 태극기를 손에 들고 거리로 쏟아져 나와 "대한 독립 만세"를 외친 일은 까마득하게 여겨졌지요. 우리 땅에서는 일본의 탄압이 심해져 독립운동은 생각조차 할 수 없었습니다. 독립운동을 할 기미만 보이면 일본 경찰이 개떼처럼 달려들어 붙잡아 갔으니까요.

우리 땅을 손아귀에 완전히 넣었다고 여긴 일본은 만주를 쳐들어가 점령하고, 중국까지 넘봤습니다. 전쟁에 미친 일본은 우리 것을 모조리 빼앗아 갔어요. 농민은 쌀을 빼앗겼고, 노동자는 일한 몫을 빼앗겼고, 학생은 우리말을 빼앗겼으며, 청년은 청춘을 빼앗긴 채 전쟁터로 내몰렸지요. 결국 일본은 모든 조선인의 이름까지 빼앗아 갔습니다.

일본은 우리 민족을 역사에서 지워 버리려고 했습니다. 돈 많고, 공부 많이 한 사람 중에는 우리 민족이 일본에서 벗어날 수 없다고 생각한 이들도 있었어요. 그들은 일본에 충성을 맹세했지요.

그렇지만 여전히 간절하게 독립을 바라며 싸우는 사람도 많았습니다. 그들 중에는 총을 들고 나선 사람도 있고, 펜을 들고 싸운 사람도 있습니다. 노동자도 있고, 농민도 있지요. 이들은 1930년대 일본에 억눌려 숨도 제대로 못 쉬던 사람들에게 희망을 선사한 진정한 영웅들입니다.

이 책에는 그 영웅 중 다섯 명을 실었습니다. 가족을 뒤로하고 독립운동에 뛰어든 윤봉길부터 적의 심장에 총을 겨눈 항일 투쟁 여전사 남자현, 조선 사람들의 희망을 품고 달린 마라토너 손기정, 모두가 평등한 세상을 꿈꾼 노동 운동가 이재유, 한글을 지켜 우리 민족의 혼을 지키려 했던 한글 학자 이극로까지. 일본에 저항한 방식은 각기 다르지만 이들 모두 온 삶을 바쳐 독립을 위해 싸운 위대한 영웅들입니다.

더 많은 영웅을 싣지 못한 게 아쉽습니다. 아니, 언젠가 독립을 이룰 거라 믿으며 꿋꿋하게 버텨 낸 이 땅의 모든 사람이 우리에게는 영웅입니다. 그들이 있었기에 지금 우리가 있습니다.

2016년 6월
김해원

차례

초대하는 글 4

윤봉길 — 나는 한국독립당원이다 8

남자현 — 나라가 없으면 살아도 죽은 것이다 36

손기정 — 일장기 아래에서는 달리지 않을 것이다 62

이재유 모두가 평등한 세상을 꿈꾸다　**90**

이극로 한글을 지켜야 나라를 지킬 수 있다　**116**

부록 역사 선생님이 들려주는 일제 강점기 이야기　**147**

윤봉길

나는 한국독립당원이다

채소 장수, 기회를 엿보다

1932년, 상하이의 봄은 더디게 오고 있었다. 지난 1월에 일본 함대의 폭격을 받은 상하이 거리 곳곳에는 검게 그을린 채 무너진 건물들의 잔해가 쌓여 있었다. 밤마다 어디선가 들려오는 총소리와 폭격 소리에 잠을 설친 상하이 사람들의 낯빛은 어두웠다. 중국과 일본은 휴전 협정을 맺었지만, 일본 군대는 상하이를 떠나지 않았다. 상하이 사람들은 일본 군대를 쫓아내지 못한 걸 수치스러워했다.

윤봉길은 채소를 실은 손수레를 끌고 상하이 뒷골목을 다니면서 사람들이 하는 말에 귀를 기울였다.

"일본에 이렇게 당하다니 기가 막혀요. 부끄러워 고개를 들 수가 없어요."

채소를 고르던 중국 여자가 얼굴을 붉혔다.

"우리 군대는 뭘 하는 거야? 저 일본 놈들을 당장 내쫓지 않고! 설마 일본 놈들이 무서워서 벌벌 기는 거야?"

무를 산 할머니가 맞장구를 치며 욕을 내뱉었다.

"내 말이 그 말이에요. 일본 놈들을 그냥 놔뒀다가는 중국 대륙을 쑥대밭을 만들 게 뻔한데, 뭐 하는지 모르겠어요. 채소 장수! 안 그래요?"

중국 여자가 배추를 골라 들면서 윤봉길을 쳐다봤다. 윤봉길은 고개를 끄덕이면서 대답했다.

"맞아요. 두 분 말이 모두 맞아요. 지금 당장 일본과 맞붙어 싸워야 해요. 조선 사람들처럼 싸워야지요."

윤봉길은 두 달 전 도쿄에서 일왕이 탄 마차에 폭탄을 던진 이봉창 이야기를 꺼냈다.

"일왕을 죽이지는 못했지만, 대신 일본을 발칵 뒤집어 놓았다더군요."

윤봉길의 말을 귀기울여 듣던 두 사람은 손뼉을 치며 통쾌해 했다. 윤봉길은 두 사람이 간 뒤에 먼 하늘을 보며 중얼거렸다.

"우리의 독립 의지를 더 보여 줘야 할 텐데……. 일본에 맞서 얼마나 많은 조선인이 목숨을 내걸고 싸우는지 전 세계에 알려야 해."

윤봉길은 일본이 상하이를 공격해 전 세계의 이목이 중국 땅에 쏠려 있는 지금이야말로 좋은 기회라고 생각했다. 하지만 어떻게 싸워야 하나? 윤봉길은 채소 장수 행세를 하고 일본군의 동태를 살피고 있지만, 그들을 공격할 뾰족한 수를 찾지 못하고 있었다.

윤봉길은 손수레를 끌며 무거운 발을 내디뎠다. 해가 뉘엿뉘엿 떨어지고, 골목은 어스름해졌다. 온종일 골목길에서 뛰어놀던 아이들은 뿔뿔이 흩어져 집으로 들어갔다. 아이들의 뒤꽁무니를 눈으로 좇던 윤봉길은 코끝이 시큰했다. 강보에 싸인 두 아들의 얼굴이 눈에 어른거렸다.

"윤종아, 윤담아!"

윤봉길은 어둑어둑한 하늘을 올려다보면서 가만히 두 아들의 이름을 불렀다.

'큰아들은 말을 배워 종알거리려나? 막내는 아장아장 걸음을 떼려나?'

윤봉길은 집을 떠나온 날을 헤아려 봤다. 벌써 2년이 되었다. 2년 동안 자신이 한 일이라고는 세탁소와 공장에 다니며 하루하루 목숨을 부지한 것뿐이다.

그는 대한민국 임시 정부가 있는 상하이에 오기만 하면 독립운동을 할 수 있을 줄 알았다. 그러나 임시 정부는 허울만 있을 뿐 일본 경찰의 감시로 아무런 일도 할 수 없었다.

'독립운동을 하겠다고 가족까지 버리고 왔는데, 나는 지금 뭘 하고 있는 건가?'

윤봉길은 막막한 생각이 들어 한숨을 길게 내쉬었다.

그때 낯익은 사람이 눈앞에 지나가는 걸 보고 윤봉길은 걸음을 멈췄다. 분명 임시 정부를 찾아갔을 때 만난 김구였다. 윤봉길은 손수레를 놔둔 채 얼른 달려갔다.

"안녕하십니까?"

김구는 앞을 가로막은 청년의 얼굴을 찬찬히 뜯어봤다.

"뉘시던가?"

"기억 안 나십니까? 작년 언젠가 임시 정부 사무실에 찾아가 뵌 적이 있습니다. 윤봉길이라고 합니다."

윤봉길은 얼른 머리에 쓴 모자를 벗어 들었다. 김구는 고개를 끄덕였다.

"암요, 기억하고 말고요. 예산이 고향이라 했지요? 공장에서 일하다가 그만뒀다기에 고향에 돌아간 줄 알았습니다. 낯선 땅에서 지낼 만한가요?"

　김구는 말하면서 윤봉길의 행색을 살폈다. 윤봉길은 손가락으로 멀찍이 떨어져 있는 손수레를 가리켰다.
　"얼마 전부터 채소 장사를 시작했습니다. 나라를 빼앗긴 사람이 어디 있다 한들 다리 뻗고 잘 수 있겠습니까? 그럭저럭 지내고 있습니다."

윤봉길의 말에 김구는 사뭇 진지한 표정으로 물었다.

"실례가 될지 모르나…… 어찌 고향으로 돌아가지 않습니까? 처자가 기다릴 텐데요."

윤봉길은 선뜻 대답하지 않고 주위에 오가는 사람들의 눈치를 살피면서 낮은 목소리로 대답했다.

"처음 뵈었을 때 말씀드렸지만, 저는 큰 뜻을 품고 중국 땅에 왔습니다. 그 뜻을 이루기 전에는 고향 집에 돌아가지 않을 작정입니다."

"식민지의 청년이라면 응당 가져야 할 포부요. 뜻이 있는 곳에 길이 있다고 하니 부디 뜻을 이루길 바라오."

"예!"

윤봉길은 어린 학생처럼 큰 소리로 대답하면서 허리를 굽혀 인사했다.

"혹 내가 도울 일이 있으면 언제든 찾아오시오."

윤봉길은 김구의 말에 멈칫했다. 김구가 비밀 운동 단체인 한인 애국단을 이끌고 있을지 모른다는 소문이 퍼뜩 떠올랐다. 김구는 그 말을 하고는 서둘러 자리를 떴다. 윤봉길은 한참 동안 김구의 뒷모습을 바라봤다.

며칠 뒤 윤봉길은 장사를 끝내고 늦은 밤에 길을 나섰다. 어둑어둑한 길을 걸으면서 윤봉길은 스물다섯 해, 길지 않은 삶을 천천히 되돌아봤다.

윤봉길이 열두 살이 되던 해 봄, 경성에서 시작된 만세 운동은 들불처럼 번져 나갔다. 윤봉길은 장터를 가득 메운 사람들이 목이 터져라 '대한 독립 만세'를 외치던 광경이 엊그제 일처럼 눈에 선했다.

그날 열두 살 사내아이는 일본 헌병의 총에 맞아 피를 흘리며 쓰러지는 사람들을 보면서 결심했다. 어른이 되면 나라를 빼앗고 총칼을 휘두르는 일본에 맞서 싸우리라.

그날 이후로 윤봉길의 꿈은 오로지 하나뿐이었다. 일본에 빼앗긴 나라를 되찾는 것. 먹고살기 바쁜 어른들은 만세 운동 때 태극기를 흔들던 기억이 점점 흐릿해졌지만, 윤봉길은 달랐다. 동네 청년들을 모아 야학을 하고 '월진회'라는 모임을 만든 것도 독립운동을 하기 위함이었다.

윤봉길은 이제 비로소 뜻을 펼칠 때가 왔다는 생각이 들어 가슴이 벅찼다. 그는 김구가 머무는 곳에 닿자 선뜻 문을 두드리지 못하고 하늘을 올려다봤다. 새까만 하늘에 총총히 박힌 별들이 유난히 반짝였다.

'아마도 이 문을 열고 들어서는 순간 나는 전혀 다른 내가 되어야 할 것이다.'

윤봉길은 마음을 단단히 먹고 문을 두드렸다.

김구는 기다렸다는 듯이 환하게 웃으며 윤봉길을 맞았다. 윤봉

길은 방으로 들어가 자리에 앉자마자 숨 돌릴 틈도 없이 서둘러 말을 꺼냈다.

"도움이 필요하다면 오라고 하시기에 염치 불구하고 이리 왔습니다. 저는 집을 나오면서 '장부출가생불환(丈夫出家生不還)'이라 적은 편지를 남겼습니다. 뜻을 이루기 전에는 집에 살아 돌아오지 않겠다고 한 것이지요. 그 생각은 지금껏 변함없습니다. 나라를 되찾을 수만 있다면 목숨을 바칠 각오가 되어 있습니다. 제게 기회를 주십시오."

윤봉길은 힘줘 말했다. 김구는 윤봉길을 지그시 바라보다가 입을 뗐다.

"자네 뜻은 잘 알겠네. 허나 목숨은 하나뿐이네. 어린 자식을 부양하고 늙으신 부모님을 모셔야 할 가장이지 않은가."

"나라를 되찾는 것이 제 가족을 위하고 제 자식을 위한 일입니다. 제 자식에게는 나라 빼앗긴 설움을 물려주고 싶지 않습니다."

윤봉길은 단호했다. 김구는 윤봉길의 어깨를 가만히 두드렸다.

"천군만마보다 든든한 동지를 얻어 기쁘네. 윤 동지, 우리 함께 거사를 치러 보세."

김구 말에 윤봉길의 얼굴에는 환한 웃음이 번졌다.

핏빛으로 물든 훙커우 공원

전쟁의 기운이 무겁게 내려앉아 있던 상하이에도 봄이 왔다. 상하이 북쪽에 자리 잡고 있는 훙커우 공원도 초록빛으로 물들었다. 윤봉길은 훙커우 공원으로 천천히 걸음을 옮겼다. 채소 실은 손수레를 끌던 모습과 딴판이었다. 잘 다려진 양복에 중절모를 쓴 윤봉길은 마치 돈 많은 사업가 같았다. 윤봉길 옆에는 화사한 원피스를 입은 여자가 바짝 붙어 있었다. 여자는 오랫동안 상하이에서 독립운동을 해 온 이화림이었다. 이화림은 공원 안에 들어서자 자연스럽게 윤봉길의 팔짱을 끼고 걸었다. 둘은 마치 산책 나온 부부처럼 보였다.

"저쪽으로 가 볼까요?"

윤봉길은 능숙한 일본 말을 하면서 이화림과 훙커우 공원 한가운데로 걸어갔다. 그곳은 내일 치러질, 일본 천황 탄생을 기념하는 천장절 기념식과 상하이 침공 승리를 기념하는 축하 행사를 준비하느라 분주했다.

'뻔뻔한 놈들, 남의 나라에 쳐들어와서 버젓이 침공 승리 기념 행사를 하다니. 도둑놈이 남의 집 안방에서 잔치를 벌이는 꼴이 아니고 뭐란 말인가.'

윤봉길은 파렴치한 일본에 분노가 치밀었지만, 내색할 수 없었다. 그는 얼굴에 웃음을 띠고 일본 군인들이 바삐 움직이는 행사장을 둘러봤다. 행사장 앞에는 상하이 침공을 이끈 시라카와 육군 대장과 우에다 중장 같은 군 장성들이 앉을 연단이 세워지고 있었다.

"저곳입니다. 내일 잘 지켜봐 주세요."

윤봉길의 말에 이화림이 웃으면서 대답했다.

"정말 역사적인 순간일 거예요."

둘의 대화는 마치 기념식을 기대하는 것처럼 들렸다. 둘은 한참 동안 공원을 돌아본 뒤 윤봉길이 묵고 있는 여관으로 돌아왔다.

"윤 동지, 오늘 동행하게 되어서 기쁩니다. 오늘 밤 편안하게 쉬세요."

이화림은 여관 앞에서 헤어지며 윤봉길에게 고개 숙여 인사했다. 이화림 뒤로 보이는 하늘에는 붉은 노을이 번지고 있었다. 문득 윤봉길은 노을로 물든 하늘을 보는 것도 오늘이 마지막이라는 생각이 들었다.

쓸쓸해진 윤봉길은 방에 들어와 며칠 전 한인애국단 가입 선서식 때 쓴 선서문을 들여다봤다.

"나는 적성으로써 조국의 독립과 자유를 회복하기 위해 한인애국단의 일원이 되어 중국을 침략하는 적의 장교를 도륙하기로 맹세하나이다."

윤봉길은 선서식을 할 때처럼 가슴이 벅찼다. 얼마나 오랫동안 바란 일인가. 그는 홍커우 공원 행사장을 머릿속으로 다시 그려 보면서 자신이 서 있어야 하는 자리를 마음속으로 정해 놓았다.

그날 밤, 쉬 잠들지 못하던 윤봉길은 두 아들에게 편지를 썼다.

너희도 만일 피가 있고 뼈가 있다면
반드시 조선을 위해 용감한 투사가 되어라.
태극의 깃발을 높이 드날리고
나의 빈 무덤 앞에 찾아와 한 잔 술을 부어라.

윤봉길은 붉어진 눈시울을 얼른 손등으로 훔쳤다. 어디선가 아련

풋하게 아이의 울음소리가 들리는가 싶더니, 컹컹 개 짖는 소리가 점점 가까워졌다.

해 저물녘 밥 짓는 연기가 안개처럼 희부옇게 피어오르는 고향 마을이 눈에 선했다. 밭일을 마치고 고샅길을 걸어가는 어깨 굽은 아버지를 따라 들어가면, 울타리 너머로 아이를 업고 마당과 부엌을 동동걸음 치는 아내와 멍석에 널어놓은 곡식을 거두는 어머니가 있는 고향 집. 윤봉길은 그날 밤 꿈에서라도 고향 집에 달려가고 싶었다.

선잠이 들어 밤새 뒤척인 윤봉길은 희붐히 동이 틀 무렵 일어나 나갈 채비를 했다. 양복에 코트까지 단정하게 차려입은 윤봉길은 거울 속에 비친 자신의 얼굴을 한참 동안 쳐다봤다. 스물다섯 해를 산 청년의 얼굴은 평온했다. 윤봉길은 넥타이를 반듯하게 매만지고는 중얼거렸다.

"오늘이다. 가자!"

윤봉길은 여관을 나와 김구를 만나기로 한 김해산의 집으로 갔다. 김해산은 김구와 함께 일했다. 셋은 밥상에 둘러앉아 아침밥을 먹었다. 김해산은 밥 한 공기를 뚝딱 비우는 윤봉길을 흐뭇하게 바라봤다.

"백범 선생님 말씀대로 참 듬직한 청년입니다. 윤 동지, 오늘 만주로 간다고요?"

김해산의 질문에 윤봉길이 머뭇거리자 김구가 얼른 끼어들어 말했다.

"그렇다네. 윤 동지는 아주 큰일을 할 사람이네."

"네, 제 눈에도 그리 보입니다. 눈빛이 참 좋습니다. 윤 동지, 이렇게 만나자마자 헤어져서 아쉽네. 다음에 상하이에 오면 꼭 다시 만나세."

"네. 꼭 찾아뵙겠습니다."

윤봉길은 태연하게 대답하면서 김구를 쳐다봤다. 김구는 차마 윤봉길의 얼굴을 똑바로 보지 못하고, 괜히 천장을 올려다봤다.

아침밥을 다 먹자 김구는 윤봉길을 방으로 따로 불러 미리 준비한 도시락과 물통을 건넸다. 그 안에는 폭탄이 들어 있었다.

"이것이군요. 정말 감쪽같습니다."

윤봉길은 마치 소풍 가는 아이처럼 목소리가 들떴다. 김구는 앞날이 창창한 청년에게 폭탄을 쥐여 주는 게 가슴 아파 입이 떨어지지 않았다.

"선생님, 아무 걱정하지 마십시오."

윤봉길은 김구의 마음을 헤아려 더 환하게 웃어 보였다.

"윤 동지……."

김구는 윤봉길의 두 손을 마주 잡았다. 윤봉길은 김구가 하려는 말을 안다는 듯 고개를 끄덕였다. 그때 괘종 소리가 7시를 알렸다. 김구는 주머니에서 시계를 꺼내 다시 시간을 확인했다.

"벌써 시간이 이리 되다니……."

김구가 아쉬운 듯 중얼거렸다. 윤봉길은 도시락과 물통을 챙겨 방에서 나가려다 멈춰 서더니 주머니에서 시계를 꺼내 김구 앞에 내밀었다.

"이 시계는 뭔가?"

김구는 시계와 윤봉길을 번갈아 바라봤다.

"선생님, 저와 시계를 바꾸시지요. 얼핏 보니 선생님 시계가 낡았더군요. 한 시간만 지나면 저한테 시계는 쓸모가 없습니다."

김구는 윤봉길의 시계를 받아 쥐면서 눈시울이 붉어졌다.

"고맙네. 윤 동지, 이 시계는 내 죽는 날까지 간직함세."

김구는 윤봉길을 따라 나와 택시 타는 곳까지 배웅했다. 윤봉길은 차에 오르기 직전 돈을 꺼내 김구 손에 쥐어 줬다.

"저야 공원까지 가는 차비만 있으면 되잖습니까."

김구는 목이 메어 말을 못 하고 그저 고개만 끄덕였다. 윤봉길은 머리가 땅에 닿도록 허리를 굽혀 인사를 하고는 서둘러 택시에 올랐다.

"선생님, 강건하시기 바랍니다!"

윤봉길은 웃으면서 김구에게 손을 흔들었다. 김구의 눈앞은 눈물로 희뿌옇게 흐려졌다. 김구는 윤봉길이 탄 차가 보이지 않을 때까지 자리를 뜨지 못했다.

윤봉길이 탄 택시는 훙커우 공원을 향해 달렸다. 거리에는 일장기가 나부끼고, 하늘에는 수십 대의 일본 전투기가 낮게 날아다녔다. 거리는 마치 잔칫집처럼 소란스러웠다. 윤봉길은 택시에서 내리자마자 손에 일장기를 들고 공원을 향해 걸어가는 일본 사람들의 무리에 끼어들었다.

행사장 입구에 서 있던 중국 경비원이 윤봉길에게 입장권을 보여 달라고 하자, 윤봉길은 버럭 화를 내면서 일본 말로 따졌다.

"일본 사람은 입장권이 필요 없다는 것도 모르시오? 중국인들이나 똑바로 검사하시오!"

윤봉길의 서슬 퍼런 호통에 경비원은 주눅이 들어 아무 말도 하지 못했다. 경비원의 눈을 감쪽같이 속이고 행사장에 들어온 윤봉길은 전날 봐 둔 자리를 찾아 섰다.

일본 장군들이 행사장 한가운데 놓인 무대로 올라갔다. 윤봉길은 그들에게서 한순간도 눈을 떼지 않았다. 기념식이 시작되자마자 잔뜩 흐렸던 하늘에서 빗방울이 떨어졌다. 하지만 일본 사람들은 단 한 명도 자리를 뜨지 않은 채 기미가요를 따라 불렀다. 윤봉길은 홍커우 공원에 울려 퍼지는 기미가요를 들으면서 한 발짝 한 발짝 무대로 다가갔다. 일본 사람들이 목청 높여 기미가요 마지막 소절을 부르는 순간, 윤봉길은 들고 있던 물통 폭탄을 손에 쥔 채 무대를 향해 달려 나갔다.

순식간에 벌어진 일이었다. 윤봉길은 일본 헌병들이 달려오는 걸 보면서 재빨리 폭탄을 연단에 던졌다. 하늘이 반으로 쪼개지는 것 같은 굉음이 홍커우 공원을 뒤흔들었고, 무대는 연기에 휩싸였다. 윤봉길은 그 자리에 선 채 피투성이가 된 일본 장군들의 비명을 똑똑히 들었다. 일본 헌병들이 윤봉길에게 달려들어 무참히 짓

밟았지만, 윤봉길은 신음조차 내지 않았다.

'보았느냐? 들었느냐? 저 폭발 소리가 바로 우리 이천 만의 함성이다!'

윤봉길은 목청 높여 대한 독립 만세를 외치고 싶었지만, 참았다. 상하이에 있는 독립운동가들이 몸을 감출 시간을 벌어야 했다.

윤봉길은 일본 헌병에게 끌려가 모진 고문을 받으면서도 입을 열지 않았다. 시간이 한참 흐른 뒤, 윤봉길은 자신을 심문하는 일본 사람들을 매섭게 노려보면서 외쳤다.

"나는 한국독립당원 윤봉길이다!"

윤봉길의 우렁찬 목소리는 세상 밖으로 나오지 못했다. 그렇지만 세상 사람들은 그의 외침을 오래오래 기억하고 있다.

상하이 폭탄 사건 속보
폭탄을 던진 사람은 조선인 윤봉길로 판명

아수라장이 된 행사장 윤봉길이 던진 폭탄은 굉음과 함께 터졌다. 시라카와 육군 대장과 여러 명의 일본 장교가 죽거나 다쳤다. 사진은 쑥대밭이 된 단상에서 사상자들을 끌어내리는 모습이다.

지난 4월 29일 상하이 훙커우 공원의 일본 승전 축하 행사장에 폭탄을 던진 사람은 조선인 윤봉길로 밝혀졌다.

이 사건으로 일본 장교 7명이 사망했다. 윤봉길은 그 자리에서 바로 경찰에 연행되어 조사를 받고 있다.

윤봉길은 충청남도 예산 사람이다. 한학을 공부한 그는 열일곱 살 때부터 동네 아이들을 가르쳤으며, 열아홉 살에는 야학당을 열었다. 또 은밀하게 사람들을 끌어모아 독립운동을 하려 했지만, 일본 경찰의 감시가 만만치 않았다. 윤봉길은 스물세 살에 마음껏 독립운동을 할 생각으로 만주로 떠났다.

기자가 윤봉길을 만난 곳은 상하이에 있는 훙커우 공원이었다. 윤봉길은 훙커우 공원을 천천히 둘러보고 있었다. 며칠 뒤 그는 이 공원에서 세상을 발칵 뒤집어 놓을 일을 벌일 계획이다. 윤봉길의 표정은 사뭇 진지했다.

고향인 예산에 있을 때 '월진회'라는 모임을 만들었다고 들었습니다. 어떤 모임입니까?

일본의 수탈 때문에 농촌 꼴이 말이 아닙니다. 아무리 열심히 일해도 먹고살기가 힘들지요. 월진회는 청년들이 힘을 모아 농촌을 일으켜 세우자고 만든 모임입니다.

월진회 청년들이 어떤 일을 했나요?

마을 사람들에게 새끼 돼지를 나눠 줘 키우도록 하고, 2만 그루의 나무도 심었습니다. 월진회 청년들은 우리 힘으로 잘 살아야 나라를 되찾을 수 있다고 생각했지요. 저는 월진회 사람들과 함께 비밀리에 독립운동을 할 계획이었습니다.

고향에서도 활발하게 활동했는데, 중국 땅으로 독립운동을 하러 오게 된 계기가 있으신가요?

광주에서 학생들이 항일 운동을 펼칠 비밀 단체를 만든다는 소식은 드문드문 듣고 있었지요. 그러던 중 1929년에 광주 학생들이 모두 들고일어나 자유와 독립을 부르짖었다는 얘기를 듣고 가만히 있을 수 없었습니다. 어린 학생들도 저항하는 마당에 나도 나라를 위해 뭔가 해야 하지 않겠나 생각했지요.

마음을 그리 먹었다고 해도 감시가 심해서 국경을 넘기 쉽지 않았을 텐데요.

기차를 타고 가던 중 경찰에게 잡혀 열흘 동안 고초를 당했습니다. 결국 아무런 증거가 없어 풀려나긴 했지만, 어찌나 맞았는지 앓아누웠지요. 그렇게 고생 고생하면서 대한민국 임시 정부가 있는 상하이까지 오는 데 1년이 넘게 걸렸습니다.

상하이에서 공장을 다니셨다고 들었습니다.

모자 공장에 다녔는데, 임금을 터무니없이 깎는다고 해서 파업을 이끌었습니다. 그 바람에 해고되자 동료들이 저를 복귀시키려고 애썼습니다. 그렇지만 저는 공장에 돌아가지 않았습니다. 더 큰 뜻이 있었거든요.

김구 선생이 이끄는 한인애국단에 가입하셨지요?

네. 일본 군대가 상하이에서 행사를 한다는 신문 기사를 보고 이거다 싶었습니다. 우리 민족의 뜻을 세상에 보여 줄 기회라 여겼습니다. 그래서 김구 선생님을 찾아가 한인애국단에 가입하고, 직접 선서문을 썼지요. 조국의 독립과 자유를 회복하기 위해 싸우겠다고 말입니다.

윤봉길은 훙커우 공원에서 폭탄을 던진 뒤 그 자리에서 일본 헌병들에게 붙잡혔다. 윤봉길은 심하게 맞으면서도 자신이 누구인지 밝히지 않았다. 상하이에 있는 독립운동가들이 피할 시간을 벌기 위해서 입을 꾹 다문 것이다. 윤봉길은 군법 회의에서 사형 선고를 받고, 일본으로 끌려가 죽음을 맞이했다.

— ○○○ 기자

김구 선생의 시계 거사 직전, 윤봉길 의사와 김구 선생은 서로의 시계를 맞바꿨다. 사진의 시계는 김구 선생의 것이었으나, 윤봉길 의사의 유품이 되었다.

윤봉길(1908~1932)

남자현

나라가 없으면 살아도 죽은 것이다

내 **손가락**이 **이천 만**의 **목소리**를 **전할** 것이다

기차는 하얼빈 역을 향해 힘차게 달렸다. 기차가 만주 벌판을 가로지르는 동안 꼿꼿하게 앉아 있던 남자현이 차창을 내다봤다. 멀리 짙푸른 물이 넘실거리는 쑹화 강이 보였다.

"우리 고향 마을에도 큰 강이 있더랬지."

남자현은 고향 영양을 가로지르는 화매천을 떠올리며 혼잣말을 하듯 중얼거렸다. 옆자리에 앉아 꾸벅꾸벅 졸던 정춘봉이 깨어나 말대꾸를 했다.

"고향 떠나오신 지 꽤 되었지요?"

"6·10 만세 운동 때 만주로 왔으니 벌써 14년이나 되었네."

남자현은 만주행 기차에 오른 날이 엊그제 같았다. 일본에 빼앗긴 나라를 되찾기 전에는 절대 돌아오지 않으리라 결심하며 떠난 길이었다. 남자현은 의병대를 이끌다 죽은 남편의 시신을 거두면서 나라를 되찾을 때까지 힘껏 싸우겠다고 다짐했었다.

남자현은 만주에 온 뒤로 독립운동 단체에 몸담고 열심히 뛰어다녔다. 독립운동가들은 만주 땅 곳곳에서 일본에 맞서 싸웠다. 하지만 일본의 기세는 좀처럼 꺾이지 않았다. 일본은 만주를 침략해 손아귀에 넣었다. 그러고는 지난봄, 청나라 마지막 황제 푸이를 꼭두각시로 내세워 만주국을 세웠다.

"고향에 돌아갈 수 있을까?"

남자현은 한숨을 내쉬며 왼손을 오른손으로 감쌌다. 정춘봉은 남자현의 왼손을 흘깃 내려다보면서 걱정스럽게 물었다.

"몸은 괜찮으십니까?"

남자현은 고개를 끄덕였다. 둘은 다른 승객들이 잠에서 깨어나 웅성거리자 입을 꾹 다물었다.

기차는 곧 하얼빈 역에 닿았다. 짐을 챙겨 일어선 남자현은 기차가 승강장에 들어서는 걸 보면서 눈시울이 뜨거워졌다.

'이곳에 왔구나. 안중근이 이토 히로부미의 가슴에 총을 겨눈 곳에 내가 왔어.'

승강장에 내려선 남자현은 23년 전 안중근이 총을 겨누고 서 있었을 자리를 쳐다봤다. 봄에 상하이 홍커우 공원에서 도시락 폭탄을

던진 윤봉길도 떠올랐다. 남자현의 눈빛은 순간 매섭게 번뜩였다. 그렇지만 털모자를 눌러써서 아무도 그 눈빛을 볼 수 없었다.

남자현은 기차에서 쏟아져 나온 사람들 틈에 끼어들어 역을 빠져나왔다. 보따리를 들고 어깨를 구부정하게 굽힌 남자현의 모습은 영락없이 중국 할머니였다.

남자현은 앞서 가는 정춘봉과는 멀찍이 떨어져 느릿느릿 하얼빈 시내를 걸었다. 시내 곳곳에는 노란 만주국 국기가 펄럭였다.

중국은 일본이 만주국을 세운 게 부당하다며 국제 연맹에 조사를 요구했다. 국제 연맹에서는 조사단을 만주에 파견했다. 만주 여러 도시를 훑어본 조사단은 지금 하얼빈에 머물고 있다.

남자현은 일본총영사관 앞을 지나면서 코를 소리 나게 풀었다.

보초를 서는 일본 군인이 해진 옷을 입은 초라한 남자현을 아래위로 훑으면서 얼굴을 찌푸렸다.

"꺼져!"

일본 군인의 말에 남자현은 허리를 굽히며 종종걸음으로 일본 총영사관 앞을 지났다.

"꺼져? 이곳이 언제까지 너희 땅일 줄 아느냐?"

남자현은 일본총영사관에서 멀어지자 작게 뇌까렸다. 앞서 가던 장춘봉이 뒤를 힐끔힐끔 돌아봤다. 남자현은 헛기침으로 장춘봉에게 어서 가라고 신호했다.

장춘봉은 시내를 지나 중국 사람들이 모여 사는 동네로 들어섰다. 좁은 골목길을 휘적휘적 걷던 장춘봉은 허름한 여관으로 쑥 들어갔다. 남자현은 길을 찾는 듯 어리숙한 얼굴로 사방을 둘레거리다가 장춘봉 뒤를 따라 들어갔다.

여관에는 오랫동안 남자현과 독립운동을 함께한 동지들이 기다리고 있었다. 그들은 남자현이 방에 들어서자 반갑게 맞았다.

"먼 길 오시느라 몸은 축나지 않으셨습니까? 연세도 있으셔서 기차 여행이 만만하지 않으셨을 텐데요."

"이 사람들이 나를 진짜 할망구로 보네. 남정네들이 툭하면 소싯적 힘자랑을 한다지만, 나도 젊어서는 고향에서 의병대를 끌고 뛰어다닌 사람일세. 만주에서 신출귀몰하는 독립군 여자 대장이 나타났다는 소문도 못 들었나? 내가 벽을 타고 허공을 날아다닌다잖아."

남자현의 말에 방 안에 모여 앉은 사람들이 껄껄 웃었다. 한때 남자현의 발이 찍혔다는 벽이 구경거리가 되기도 했다. 허무맹랑한 소문이었지만, 그만큼 남자현은 독립군 사이에서도 여장부로 이름을 떨쳤다.

남자현은 목소리를 낮췄다.

"그나저나 국제 연맹 조사단의 동태는 살펴봤는가?"

"조사단은 9월 19일 하얼빈에 도착해서 지금 마디얼 호텔에 머물고 있습니다. 그런데 일본군의 감시가 무척 삼엄합니다. 러시아인과 중국인들이 조사단에 일본을 규탄하는 편지를 전하려다가 발각되어 총살되었다는 소문이 자자합니다. 며칠 전에는 조선인 한 명도 붙잡혀 총살을 당했다고 하는데, 누구인지 아직 확인은 안 됐습니다."

"일본 놈들이라면 그러고도 남지. 천벌을 받을 놈들!"

남자현은 치미는 화를 억누르며 말을 이었다.

"그래서 우리가 조사단을 직접 만날 방도는 없단 말이지?"

"지금으로서는 불가능합니다. 호텔 곳곳에 일본 경찰이 깔렸으니까요."

"그래도 국제 연맹에 우리나라의 독립 의지를 전해야 할 텐데, 좋은 방도가 없을까?"

남자현은 깊은 생각에 잠겼다. 일본과 맞서 싸우는 것만큼이나 국제 사회에 우리의 현실을 알리는 것도 중요했다. 남자현은 동지들을 위험에 빠뜨리지 않고 조사단을 만날 방법을 궁리했다.

그날 밤, 남자현은 동지들을 모아 놓고 조심스레 말을 꺼냈다.

"우리 중 누구라도 조사단과 접촉하려다가 목숨을 잃는다면 그것만큼 허망한 일은 없을 것이오. 지금으로서는 단 한 사람이라도 더 살아남아 일본군과 맞서 싸워야 하지 않겠소?"

"선생님, 그럼 이번 계획은 없던 일로 하자는 건가요?"

장춘봉의 말에 남자현이 고개를 내저었다.

"그럴 수는 없지. 반드시 국제 연맹 조사단에 우리의 뜻을 전달할 것이오."

"편지를 쓰실 생각입니까?"

"긴 편지를 쓴다 한들 그들이 제대로 읽기나 하겠소? 대한독립원! 이 다섯 자면 충분하지. 그리고 우리의 간절한 마음을 보여 줄 것이오."

"간절한 마음이라고 하시면?"

장춘봉이 남자현의 얼굴을 가만히 들여다봤다. 남자현의 시선은 탁자 위에 놓은 자신의 왼손에 닿아 있었다. 어두운 등불 아래 놓인 남자현의 왼손은 괴이했다. 엄지와 검지가 한 마디씩 잘려 나간 탓이었다.

남자현은 자신의 왼손을 내려다보며 말했다.

"오래전 우리 독립군이 여러 패로 나뉘어 서로 으르렁댈 때 내 손가락을 잘랐소. 부디 싸우지 말고 힘을 합쳐 일본과 맞서는 데 온 힘을 쏟자고 말이오. 내 손가락이 제법 큰일을 한 것이지. 그러고 보니 아직 나한테는 손가락이 꽤 많이 남아 있소."

"무슨 말씀이십니까? 혹여 이번에도 손가락을 잘라 뜻을 알리시려는 겁니까?"

장춘봉의 놀란 목소리에 남자현은 희미하게 웃음을 띠었다.

"그 사람 참, 눈치 하나는 빠르다니까. 동지들, 내 손가락을 잘라 우리 민족의 절박함을 알릴 것이오. 내가 깊이 생각해서 결정한 일이니 다들 아무 말 하지 마시오."

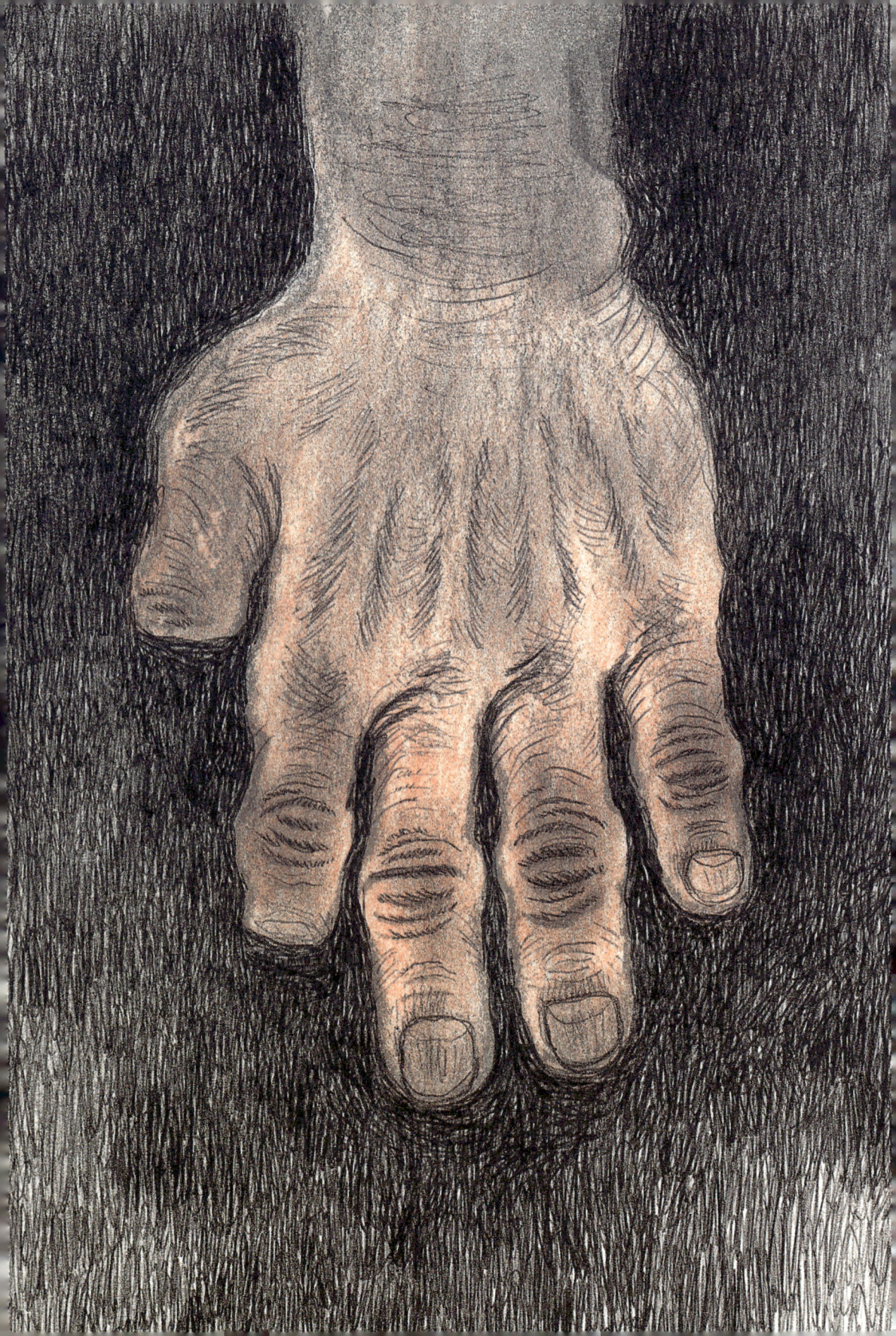

"선생님……."

장춘봉은 남자현이 뜻을 굽히지 않을 것이란 걸 알기 때문에 말을 잇지 못했다. 다른 사람들도 선뜻 입을 떼지 못했다. 방 안 공기가 무겁게 가라앉았다.

남자현은 대수롭지 않은 일이라는 듯 태연했다.

"내가 죽으러 가는 것도 아닌데 왜들 이러시오. 자, 조사단한테 어떻게 접근할지나 고민합시다. 내 생각으로는 호텔을 오가는 마부가 좋겠는데, 어떠시오? 일본 경찰들을 피해 조사단에 물건을 전할 만한 눈치 빠른 마부가 있을까요?"

"좋은 생각입니다. 당장 적당한 마부를 찾아보겠습니다."

장춘봉이 벌떡 일어서 나가자, 다른 사람들도 따라 나섰다. 그들이 여관을 빠져나간 뒤 남자현은 호롱불 앞에 앉아 편지를 써 내려갔다.

만주에 함께 와서 갖은 고생을 한 아들에게 보낼 편지였다. 남자현은 아들에게 나라를 위해 손가락을 자를 수밖에 없다는 걸 알렸다. 아들이라면 어미의 심정을 헤아릴 거라고 믿었다.

남자현은 편지를 쓴 뒤 다시 종이 한 장을 펼쳤다. 그러고는 한 자 한 자 심혈을 기울여 글씨를 써 내려갔다.

大韓獨立願(대한독립원)

종이 끄트머리에는 '조선 여자 남자현'이라고 썼다.

남자현은 자신이 쓴 글을 한참 내려다보다가 준비한 칼을 꺼내 들었다. 남자현의 얼굴은 평화로웠다. 자신의 손가락을 자르려는 사람의 낯빛이 아니었다.

"세계인들아, 보아라! 이것이 바로 우리 이천 만의 바람이다."

남자현은 호통을 치듯 큰 소리로 말하면서 칼로 손가락을 힘껏 내리쳤다.

내가 **너희 심장**에 **총**을 **겨눴다**

남자현의 잘린 손가락은 끝내 국제 연맹 조사단에 전달되지 못했다. 심부름 간 마부가 일본 경찰 검문에 걸려 남자현의 편지가 들통나고 만 것이다. 하얼빈의 일본 경찰은 남자현을 잡으려고 눈이 시뻘겠다. 하지만 남자현은 감쪽같이 사라지고 없었다.

남자현이 하얼빈에 다시 나타난 것은 이듬해 1933년 2월이었다. 하얼빈의 겨울은 길디길어서 2월에도 몹시 추웠다. 행인들은 두꺼운 털옷에 몸을 잔뜩 움츠리며 종종걸음 쳤다.

여기저기 솜이 비죽 나오도록 해진 솜옷을 입고, 구멍 뚫린 털신을 신은 남자현도 그 무리에 끼어 있었다. 허리를 굽힌 남자현은 하얼빈 시내에서 흔히 볼 수 있는 거지 같았다. 남자현은 거동이 불편한 사람처럼 지칫지칫 걸음을 뗐다.

남자현은 중국 식당 앞을 지나가다 먹을 걸 찾기라도 하듯 구정

물통을 들여다봤다. 그때 남자현을 지나치던 사내가 재빠르게 쪽지를 건넸다.

쪽지를 받아 쥔 남자현은 구정물통 옆에 떨어진 거머누르께한 감자 조각을 주웠다. 그러고는 식당 모퉁이 후미진 곳에 들어가 감자를 먹는 체하면서 쪽지를 봤다.

쪽지에는 주소와 이름이 적혀 있었다. 폭탄을 받을 곳이었다. 남자현은 쪽지를 얼른 입안에 넣고 우물우물 씹으면서 다시 길을 걸었다.

'폭탄만 받으면 모든 준비는 끝이구나.'

남자현은 사흘 뒤 만주국 건립 1주년 기념행사에서 만주국 전권 대사 부토 노부유시를 저격하기 위해 하얼빈으로 돌아온 것이다.

만주에서 활동하는 독립운동가들이 모여 만주국 건립 행사를 공격한다고 했을 때, 남자현은 가슴이 벅찼다. 7년 전 경성에 몰래 들어가 사이토 마코토 조선 총독을 저격하려다 실패한 것이 두고두고 한이었는데, 그 한을 씻어 버릴 기회였다.

"그 일은 내가 하겠소. 젊은 동지들을 죽음으로 내모느니 늙은 나를 보내 주시오. 내 나이 예순하나이니, 당장 죽는다고 해도 여한이 없소. 이왕 죽는 길이라면 적의 가슴에 총을 겨누고 죽겠소."

아무도 남자현의 고집을 꺾을 수 없었다. 남자현은 경찰에 발각될 경우를 대비해 무기 받는 일부터 기념식장에 들어가는 일까지 모두 혼자 하겠다고 했다.

외로운 싸움이었다. 남자현은 살갗을 파고드는 매서운 칼바람을 헤치며 폭탄을 받기로 한 곳으로 느릿느릿 걸었다.

하얼빈 시내는 사흘 뒤에 치를 만주국 건립 1주년 기념행사 준비로 분주했다. 일본 경찰의 수도 많이 늘었다.

남자현은 수상한 사람이 없는지 눈을 희번덕거리는 경찰들을 피해 골목길로 빠졌다. 몇 걸음 걸어가는데 조심스러운 발걸음 소리가 들렸다. 남자현은 자신을 뒤쫓는 이들이 있다는 걸 눈치챘다. 남자 셋, 남자현은 길에 떨어져 있는 구겨진 종이를 줍는 체하면서 미행하는 이들을 살폈다.

그들은 중국인 옷을 입었지만, 경찰이 틀림없었다. 남자현은 침착하게 움직였다. 주워 먹을 만한 걸 찾는 거지처럼 땅바닥을 두리번거리다가 골목길이 꺾어지면서 뒤쫓는 이들이 보이지 않자 재빠르게 뛰었다.

'도대체 저것들이 어떻게 안 거지?'

예순한 살의 남자현은 마치 청년처럼 성큼성큼 빠르게 내달렸다.

그렇지만 추격하는 경찰들을 당할 수는 없었다.

"빨리 잡아!"

"그쪽을 막아!"

고함과 호각 소리가 골목을 뒤흔들었다. 골목 어귀에는 이미 경찰들이 진을 치고 있었다. 남자현은 독 안에 든 쥐처럼 꼼짝없이 골목에 갇히고 말았다. 남자현은 가슴 속에 손을 넣었다.

'그래, 이 자리가 나의 마지막 자리가 되겠구나.'

남자현이 총을 빼 드는 순간, 등 뒤에서 일본 경찰들이 달려들었다. 경찰들은 남자현을 쓰러뜨리고 총을 빼앗았다.

경찰 하나가 남자현에게 총부리를 겨누며 소리쳤다.

"남자현, 맞지?"

남자현은 경찰 발밑에 깔렸지만, 전혀 주눅 들지 않은 목소리로 당당하게 외쳤다.

"그렇다! 내가 남자현이다!"

경찰들이 남자현을 강제로 일으키면서 해진 솜옷이 찢겼다. 경찰들은 남자현이 솜옷 안에 껴입은 피 묻은 군복을 보고는 움찔했다. 남자현은 큰소리로 외쳤다.

"놀랐느냐? 이 옷은 의병대를 이끈 내 남편의 옷이다. 남편이 목숨을 바쳐 싸웠듯 나 또한 그리할 것이다."

남자현의 당찬 기세에 일본 경찰들은 움찔했다. 남자현은 경찰에 끌려가면서 새파란 하늘을 올려다봤다. 조국의 하늘과 다르지 않을 파란 하늘을 보면서 남자현은 쓴웃음을 지었다.

'부토 노부유시! 네놈을 내 손으로 처단하려 했건만, 뜻을 이루지 못하다니 애통하고 절통하다.'

일본 경찰은 남자현의 입을 통해 만주에서 비밀리에 활동하는 독립운동가들을 잡아들이려고 했지만 소용없었다.

"골백번 물어도 대답은 하나다. 나 혼자 한 일이다. 조선 사람으로서 내 나라를 되찾으려고 목숨을 바치려 했을 뿐이다."

남자현은 모진 고문을 받으면서도 끝내 입을 열지 않았다.

하얼빈의 긴 겨울이 끝나고 봄이 지나도록 남자현은 일본총영사관 감옥에 갇혀 있었다. 하얼빈의 짧은 여름이 시작되는 8월 어느 날, 아침에 일어난 남자현은 반듯하게 앉아 두 눈을 지그시 감았다. 고향 땅에서 의병대를 이끌고 넘었던 산등성이와 독립군들과 함께 가로지르던 만주 벌판이 눈에 선했다.

'일본 놈들이 나를 살려 내보내지는 않을 것이니 다시는 그곳으로 돌아가지 못하겠구나. 일본 놈들이 감히 내 목숨을 좌지우지하게

놔둘 수는 없다.'

남자현은 그날 아침부터 물 한 모금 입에 넣지 않았다.

"나라를 빼앗은 원수가 주는 음식은 이제 먹지 않을 것이다. 너희가 감히 나를 먹여 살린다? 천만에, 나 스스로 죽어 너희와 싸울 것이다. 너희는 산 것이 죽는 것이요, 나는 죽는 것이 사는 것이다!"

일본 간수들은 남자현의 의지를 꺾으려고 온갖 수단을 썼지만, 남자현은 눈 하나 깜짝하지 않았다. 결국 남자현은 굶은 지 열하루가 되던 날 의식을 잃고 쓰러졌다. 일본 경찰들은 하는 수 없이 남자현을 병원으로 옮기고 가족들에게 연락했다.

소식을 들은 남자현의 아들과 손자가 부랴부랴 달려왔다. 남자현은 자식들의 목소리를 듣고는 힘겹게 눈을 떴다. 남자현은 울며 병상으로 달려드는 손자의 손을 잡고는 눈물을 주르륵 흘렸다.

"이제 되었다. 나를 조선인이 하는 여관으로 옮겨다오."

남자현이 여관으로 옮겨진 뒤, 여관에는 수많은 독립운동가가 은밀하게 다녀갔다. 그들은 온몸이 퉁퉁 부은 채 힘없이 누워 있는 남자현을 보고는 소리 없이 울었다.

"선생님, 지금이라도 곡기를 드십시오. 일어나셔서 다시 만주를 누비셔야 하지 않겠습니까?"

"사람이 죽고 사는 것은 먹고 안 먹고의 문제가 아니라 정신에 있소. 내 염려는 하지 마시오."

남자현의 목소리는 담담했다. 손가락을 자를 때나, 총을 들고 나설 때처럼 당당하게 죽음을 받아들이고 있었다. 남자현은 사람들이 모두 돌아가자 아들을 조용히 불렀다.

"내가 그동안 모은 249원 80전이 있다. 피땀 흘려 만주 땅을 개간해 얻은 돈이다. 그 돈 중 200원은 조국이 독립하는 날 정부에 독립 축하금으로 바쳐라. 그리고 남은 돈으로는 내 손자와 조카를 가르치는 데 써라. 그들이 내 뜻을 알고 나라를 위해 싸울 수 있는 사람이 되도록 가르쳐라."

남자현의 말에 아들은 눈물만 뚝뚝 흘렸다. 남자현은 아들을 편안한 눈빛으로 쳐다보았다.

"졸립구나. 내가 잠들거든 깨우지 말아라."

남자현은 그 말을 남기고 영영 다시는 깨어나지 않았다.

독립군의 어머니라 불리던 남자현의 죽음은 며칠 뒤에야 신문을 통해 조선 땅에 알려졌다. 나라가 없으면 살아도 죽은 것이라고 하던 남자현의 목소리는 조선 땅에 널리 울려 퍼졌다.

단식 11일 만에 쓰러져 출소한 남자현
전권 대사 암살을 계획한 항일 투쟁 여전사

지난 3월 17일, 하얼빈에서 옥살이하던 남자현이 단식 11일 만에 출옥했다. 30년 동안 만주에서 항일 투쟁을 해 온 남자현은 전권 대사인 부토 노부요시를 암살하려고 하얼빈에 잠입했으나, 2월 27일 일본 경찰에 발각되어 체포되고 말았다.

남자현(1872~1933)

남자현은 감옥에서 일본 사람이 주는 밥은 절대 먹지 않겠다면서 단식을 이어 오다가 쓰러져 병원으로 옮겨졌다. 하지만 오랜 단식으로 쇠약해진 남자현은 출옥한 지 닷새 만인 22일 조선 여관에서 숨을 거두었다.

1933년 8월 27일자《조선중앙일보》기사 중에서

남자현은 1872년 경상북도 영양에서 태어났다. 남자현의 집안은 대대로 높은 벼슬을 했으며, 아버지는 통정대부를 지낸 뒤 고향에서 70명의 제자를 가르쳤다. 명문가 집안의 딸로 곱게 자란 남자현이 훗날 만주에서 독립운동가로 활약할 줄 누가 짐작이나 했을까.

기자가 남자현을 어렵게 만난 곳은 하얼빈에 있는 작은 여관이었다. 예순한 살인 남자현의 눈빛은 젊은 사람의 그것보다 매서웠다. 일생일대의 거사를 준비하고 있는 남자현의 목소리는 담담했다.

양반가 여인이 만주에서 항일 투쟁을 한다는 게 놀랍습니다.

놀랄 일이 아니지요. 빼앗긴 나라를 되찾는 데 양반이건 여자건 무슨 상관이 있습니까? 아버지, 남편 모두 의병을 이끌고 일본에 맞서 싸우다 세상을 떠났습니다. 저는 아주 오래전부터 그들과 같은 길을 가리라 마음먹었습니다.

만주로 오게 된 계기가 있으셨나요?

1919년 3월 1일 만세 운동을 하던 날 저도 경성에 있었습니다. 그날 얼마나 가슴이 벅차던지……. 만세 운동에 참여한 뒤 만주로 가는 기차에 올랐습니다. 제 남편과 항일 투쟁을 하던 분들이 모두 만주에 있었습니다. 그들을 만나 본격적으로 항일 투쟁을 할 생각이었지요. 제가 만주로 온 뒤에 아들도 불러들였습니다.

만주로 온 뒤에 한 번도 고국 땅을 밟지 않으신 건가요?
아닙니다. 두 번 우리 땅에 다녀왔지요. 1922년에 군자금을 받으려고 국경을 넘었고, 1926년에는 사이토 마코토 조선 총독을 암살하려고 동지들과 함께 경성으로 몰래 들어갔습니다. 그런데 경비가 워낙 삼엄해서 뜻을 이루지 못했습니다. 참 애석한 일이지요.

만주에서 활발하게 활동하셨기 때문에 일본 경찰의 감시가 심하지요?
네, 그렇습니다. 일본 경찰이 호시탐탐 노립니다. 한번은 일본 앞잡이 노릇을 하는 조선인 순사한테 붙잡히기도 했습니다. 그때 그를 혼내기도 하고, 설득하기도 해서 풀려났지요. 그 순사는 제 말에 감동해서 여비까지 챙겨 줬습니다.

만주에서 여자들을 가르치는 데도 힘을 쏟으셨다고 들었습니다.
만주 곳곳을 돌아다니면서 독립운동의 필요성을 알렸습니다. 그리고 여자들이 공부할 수 있는 곳을 만들었지요. 여자들도 배우고 깨우쳐 항일 투쟁에 나서야 합니다. 나라를 되찾는 건 남자들만의 몫이 아닙니다.

독립군들 사이에서는 어머니라고 불리시더군요. 그들을 자식처럼 잘 돌봐 주신다는 얘기를 들었습니다.
그들을 보면 자식을 보듯 안쓰럽지요. 한겨울에 일본군과 싸우다 돌아온 병사들은 동상이 심했습니다. 남의 집이라도 빌려 그들을 치료해 주고 보살폈지요. 당연히 할 일을 했을 뿐입니다.

끝으로 하고 싶은 말씀이 있다면 해 주세요.
나라가 없으면 살아도 죽은 것이나 진배없습니다. 나라를 되찾을 때까지 나는 목숨을 내걸고 싸울 것입니다.

남자현은 1933년 2월 27일 하얼빈에서 경찰에 붙잡혔고, 옥살이하던 중 단식을 하다가 세상을 떠났다. 남자현은 만주에서 '독립군 여자 대장'이라 불렸으나, 그의 활약은 세상에 널리 알려지지 않았다.

— ○○○ 기자

영화 〈암살〉의 한 장면 〈암살〉은 1930년대 대한민국 임시 정부의 독립운동을 소재로 한 영화로, 남자현은 배우 전지현이 연기한 주인공 안옥윤의 실제 모델이다.

손기정

일장기 아래에서는 달리지 않을 것이다

세계 신기록, 2시간 26분 42초

마라톤 선수들이 출발선에 서자 도쿄 신궁 경기장에 우레와 같은 함성이 울려 퍼졌다. 손기정은 그 소리를 들으면서 눈을 감았다.

'베를린 올림픽에 가는 거다. 오늘 내가 떼는 한 걸음 한 걸음은 베를린을 향한 것이다.'

손기정은 단단히 다짐하고는 눈을 떴다. 요란한 함성이 바람에 떠밀려 간 듯 손기정의 귀에는 아무것도 들리지 않았다. 손기정은 주먹을 불끈 쥐었다. 옆에 선 남승룡이 읊조리듯 말했다.

"가자, 기정아!"

"네!"

앞을 뚫어져라 보고 있던 손기정은 출발 신호가 떨어지자 힘차게

발을 내디뎠다. 신궁 경기장을 빠져나오면서부터 스즈키가 속도를 내며 맨 앞으로 나섰다. 스즈키는 일본 전국 마라톤 대회에서 우승한 선수다. 길가에 빼곡하게 서 있는 일본 사람들은 스즈키의 이름을 부르면서 환호했다.

손기정은 호흡을 조절하면서 민첩하게 스즈키의 뒤를 따랐다. 손기정 바로 뒤로는 나카무라와 시오아쿠가 바짝 따라붙고 있었다. 남승룡도 그들 뒤에서 차분히 뛰었다.

스즈키는 손기정을 힐끔거리면서 속도를 냈다. "어서 따라와 봐!" 하고 말하는 것처럼. 하지만 손기정은 무리하지 않았다. 오랫동안 연습한 대로 속도를 조절했다. 손기정은 잘 알고 있었다. 마라톤은 절대로 욕심을 부려서는 안 된다는 것을. 손기정은 스즈키의 어깨가 크게 들썩이는 것을 보면서 속으로 중얼거렸다.

'스즈키! 과욕은 금물일세. 너무 무리하지 말게.'

경기장을 벗어난 지 30분쯤 지나자 스즈키가 속도를 더 내지 못했다. 그 틈에 나카무라가 앞으로 튀어나왔다. 손기정은 나카무라의 가쁜 숨소리를 들으면서 속도를 조금 더 냈다. 스즈키는 안간힘을 쓰듯 가슴을 뒤로 젖히면서 달렸지만 소용없었다. 손기정과 나카무라가 나란히 맨 앞으로 나섰고, 시오아쿠가 그 뒤를 따랐다.

그리고 스즈키는 200미터가량 떨어져 남승룡과 앞서거니 뒤서거니 했다.

반환점을 도는 순간, 나카무라가 손기정을 서너 걸음 정도 앞질렀다. 손기정은 나카무라가 앞서도록 놔뒀다가 차츰 속도를 내기 시작했다. 곧 손기정은 나카무라를 멀찍이 떨어뜨리면서 맨 앞으로 나섰다.

쭉 뻗은 길은 햇빛을 받아 모래사장처럼 하얗게 빛났다. 그 길 끝을 향해 손기정은 차오르는 숨을 내뱉으면서 힘차게 발을 내디뎠다.

'이제 경쟁자는 바로 나 자신이다! 나를 이겨야 한다!'

선두에 나섰다고 마음을 놓았다가는 자칫 따라잡힐 수 있다. 손기정은 호흡을 가다듬으면서 뒤따라오고 있는 나카무라의 숨소리로 둘의 간격이 얼마나 떨어져 있는지 가늠했다. 지친 나카무라의 숨소리가 점점 거칠어지고 있었다.

'여기서 선두를 놓치면 안 된다!'

도쿄 시내로 들어서면서 손기정은 더 속도를 냈다. 시내는 일본 선수들의 이름을 외치는 소리와 요란한 박수 소리가 뒤섞여 소란스러웠다. 누군가 조센징은 물러가라며 고함쳤지만, 손기정은 눈빛 하나 흔들리지 않았다.

'우리 조선 선수들이 우월하다는 걸 오늘 너희 두 눈으로 똑똑히 보게 될 거다!'

손기정은 남겨 둔 힘을 끌어올리면서 더 속도를 냈다. 이미 나카무라는 한참 뒤처져 손기정을 따라잡을 엄두도 못 냈다. 나카무라를 외치는 목소리는 점점 커졌지만, 나카무라는 지쳐서 나란히 뛰고 있던 시오아쿠한테도 밀리고 있었다. 처음에 선두로 나섰던 스즈키는 눈에 띄지도 않았다.

어느덧 신궁 경기장이 눈앞에 모습을 드러냈다. 손기정은 온 힘을 다해 달렸다. 경기장 안으로 거침없이 들어선 순간, 일본 선수가 맨 먼저 들어서는 줄 알고 함성을 지르던 관중은 찬물을 끼얹은 듯 조용해졌다. 손기정은 마치 100미터 단거리 선수처럼 경기장 트랙을 무서운 속도로 내달렸다. 질풍과 같다는 말이 딱 어울렸다.

결승점에 들어온 손기정은 그렇게 달리고도 지친 기색이 보이지 않았다. 지치기는커녕 결승점에 들어서자마자 1만 미터 달리기 결승 경기에 나선 동료 선수 유장춘을 응원하며 고함쳤다.

"달려! 유장춘! 조금 더 힘내!"

관중은 괴물 같은 조선 선수가 세운 기록을 보고는 모두 탄성을 질렀다.

2시간 26분 42초.

놀라운 기록이었다. 3년 전인 1932년 로스앤젤레스 올림픽에서 아르헨티나 선수인 카를로스 자발라가 2시간 31분 36초로 금메달을 땄는데, 이 기록을 5분이나 앞당긴 것이다. 일본 관중은 조선 선수가 세계 신기록으로 우승을 차지하는 걸 지켜보면서 당혹스러워했다.

"정말 오늘 경기 결과로 베를린 올림픽에 나갈 선수를 뽑는다는 것인가? 그렇다면 조센징이 둘이나 나가는 것 아닌가?"

"3년 전 올림픽에서도 조센징이 둘이나 출전하지 않았나? 또 우리 일본인을 제치고 조센징이 올림픽에 나간다니, 절대 있을 수 없는 일이야!"

관중석에서는 불만 섞인 목소리가 튀어나왔지만, 이미 끝난 일이었다.

손기정은 환하게 웃으면서 넷째로 들어온 남승룡의 손을 힘껏 잡았다. 손기정은 로스앤젤레스 올림픽에서 아깝게 메달을 따지 못한 김은배와 권태하를 떠올렸다.

"선배님, 우리가 다시 해냈습니다. 지난 올림픽에서는 메달을 따지 못해 많이 아쉬웠지만, 베를린에서는 우리가 본때를 보여 줘야지요."

"손 군의 기록이라면 충분히 해낼 수 있지. 세계 신기록이라니 정말 대단하군."

남승룡은 손기정의 어깨를 두드렸다.

손기정은 세계 신기록을 기념하는 특별 시상대 위에 올라섰다. 신궁 경기장에 모인 4만 관중은 모두 일어나 일본 국가인 기미가요를 불렀다. 손기정은 고개를 숙인 채 입을 꾹 다물었다.

'조선 사람이 세계 신기록을 세웠는데 기미가요를 불러야 한다니…….'

손기정은 설움이 복받쳐 눈물을 뚝뚝 흘렸다. 일본 기자들은 손기정이 감격해 눈물을 흘리는 줄 알았다.

그날 저녁 경성에는 손기정이 마라톤 세계 신기록을 세우면서 베를린 올림픽에 출전하게 되었다는 호외가 뿌려졌다. 경성 사람들은 학생들에게 신사 참배를 강요하며 조선의 뿌리까지 뒤흔드는 조선 총독부를 손기정이 보기 좋게 한 방 먹였다고 생각했다. 한동안 경성이든 어디든 온통 손기정 얘기뿐이었다.

얼마 뒤 경성으로 돌아온 손기정은 경성역까지 마중 나온 수백 명 앞에서 담담하게 외쳤다.

"제가 받은 이 우승컵은 시작일 뿐입니다. 자만하지 않고 더 열심히 연습하겠습니다."

우리는 함께 이길 것이다

1936년 봄, 일본 육상 연맹은 베를린 올림픽에 내보낼 선수를 선발하는 일로 골머리를 앓았다. 대회 성적으로 보면 손기정과 남승룡을 올림픽에 내보내야겠지만, 조선 사람 두 명이 출전한다는 게 마뜩잖았다. 이들은 궁리 끝에 최종 선발전을 다시 치르겠다고 발표했다.

합숙 훈련 중이던 손기정은 이 소식을 듣고 발끈했다.

"이미 예선전을 치러 사람을 뽑아 놓고 또 무슨 최종 선발전을 치른다는 겁니까?"

"지난 올림픽 때도 조선 사람이 둘이나 나갔는데 성적이 좋지 않았으니, 이번에는 조선 선수를 하나만 내보내겠다는 거야. 자네야 상관없지만, 최종 선발전에서 내가 일등을 하지 않으면 떨어뜨리겠다는 거지."

남승룡은 한숨을 길게 내쉬었다.

"조선 사람이 더 잘하니까 자존심이 상해 별 핑계를 다 대는군. 지난 올림픽 때도 실력 좋은 조선 선수들한테 일본 선수나 도와주라고 해서 경기를 망친 것 아닙니까? 당장 가서 따져야겠어요."

손기정은 얼굴을 붉히면서 운동화 끈을 급히 풀었다. 당장 일본 육상 연맹에 달려갈 기세였다. 남승룡이 손기정의 팔을 가만히 잡았다.

"저것들 꿍꿍이가 있는데 따진다고 바뀌겠는가? 이런 일을 한두 번 당하는 것도 아닌데 마음 가라앉히게."

손기정은 운동화 끈을 풀던 손을 멈추고는 땅바닥에 털썩 주저앉았다.

"그렇지요. 우리가 따진다고 한들 귀담아듣기나 하겠습니까. 나라 잃은 설움이 이런 것입니다. 저 사람들은 참 좋겠습니다. 챙겨 주는 나라가 있어서."

손기정은 뛰고 있는 일본 선수들을 물끄러미 쳐다봤다. 남승룡은 손기정에게 손을 내밀었다.

"어서 일어나게. 우리는 실력으로 당당히 이겨서 베를린에 가세. 시오아쿠나 스즈키쯤은 문제없지 않은가."

"그렇지요. 여기 일본 땅에는 우리를 대적할 만한 선수가 없다는 걸 보여 줘야지요."

손기정은 남승룡의 손을 잡고 벌떡 일어섰다.

"그럼, 우리 달려 볼까?"

남승룡은 손기정의 어깨를 툭 치고는 내달리기 시작했다. 손기정은 재빨리 남승룡의 뒤를 따라붙으면서 외쳤다.

"선배님, 저한테 좋은 생각이 있어요. 제 말 좀 들어 보세요!"

손기정과 남승룡은 며칠 동안 꼭 붙어 다니면서 최종 선발전을 준비했다.

최종 선발전이 치러지는 날, 신궁 경기장의 하늘은 금방이라도 비를 뿌릴 것처럼 낮게 가라앉아 있었다. 조선 선수들을 이끌고 일본에 온 정상희는 안절부절못하면서 자꾸 하늘을 올려다봤다.

"비가 오지 말아야 할 텐데 말이야."

남승룡과 몸을 풀면서 물구나무서기를 하고 있던 손기정이 피식 웃었다.

"비가 오면 우리만 맞겠습니까? 일등 국민이라고 떠드는 저들도 비 맞으면 젖을 테고, 빗길은 미끄럽겠지요. 걱정하실 것 없습니다."

"그러게, 이런 걸 기우라고 하지 않나. 노인처럼 자꾸 걱정되네. 무서울 게 하나도 없는데 말이지."

정상희는 일본 선수들을 힐긋거리며 말했다. 손기정이 벌떡 일어서면서 목소리를 낮춰 말했다.

"한번 두고 보십시오. 오늘 우리가 어떻게 저들을 곤경에 빠뜨리는지."

"무슨 좋은 수가 있는 건가?"

정상희가 궁금해서 손기정에게 바짝 얼굴을 들이대는데, 출발선으로 모이라는 호루라기 소리가 들렸다. 손기정은 대답 대신 정상희에게 한쪽 눈을 찡긋해 보이고는 남승룡과 함께 출발선으로 갔다. 정상희는 둘의 뒷모습을 뚫어지게 바라보면서 중얼거렸다.

"베를린에 둘 다 가야 할 텐데……."

정상희는 예기치 않은 상황이 벌어져 한 명이라도 탈락할까 봐 마음이 놓이지 않았다. 하지만 정작 출발선에 선 두 선수는 긴장한 기색 하나 없이 태연했다. 손기정은 자신들을 바라보는 일본 육상 연맹 사람들의 매서운 눈빛을 보고는 중얼거렸다.

"우리가 두렵겠지. 두려울 것이다."

손기정은 준비 신호가 울리자 주먹 쥔 손을 허리춤으로 바짝

올렸다. 그리고는 출발 신호가 떨어지자마자 일본 선수 둘을 떼어 놓고 힘껏 달려 나갔다.

손기정은 작년 예선전 때와는 다르게 처음부터 전 속력으로 달렸다. 예상과 달라서 당황한 시오아쿠와 스즈키는 허겁지겁 손기정의 뒤를 쫓았다. 손기정은 일본 선수들이 따라잡았다 싶으면 다시 속도를 높였다. 이렇게 셋이 힘겨루기를 하는 사이 남승룡이 맨 앞으로 나섰다. 남승룡은 그 어느 때보다 발걸음이 가벼웠다. 손기정은 남승룡 뒤를 쫓아가면서 일본 선수 둘이 끼어들지 못하게 했다. 결국 최종 선발전에서 남승룡이 1위, 손기정이 2위를 차지하고

시오아쿠와 스즈키가 3, 4위를 했다. 남승룡과 손기정이 연습한 전략이 먹힌 것이다.

일본 육상 연맹 사람들은 하나같이 벌어진 입을 다물지 못했다. 그들은 넋 나간 얼굴로 서 있다가 황급히 경기장을 빠져나갔다. 정상희는 터져 나오는 웃음을 꾹 참으면서 손기정과 남승룡에게 다가왔다.

"제 꾀에 제가 넘어간다는 속담이 딱 들어맞네. 조선 선수들을 떼어 내려다가 저희 선수들 실력만 드러냈지 뭔가. 망신살이 뻗친 거지."

"초상집이 따로 없습니다. 선수고 육상 연맹 임원이고 모두 통곡이라도 할 얼굴입니다."

손기정이 빙싯대면서 남승룡을 쳐다봤다. 남승룡은 사뭇 심각한 얼굴로 말했다.

"아마 또 머리를 쥐어뜯어 가면서 어떻게 조선 선수를 떨어뜨릴지 궁리하겠지."

"또 경기를 치른다고 해도 겁날 게 없습니다. 시오아쿠와 스즈키가 낙담하는 것 좀 보십시오. 기가 꺾여 베를린에 간다 한들 실력 발휘하기 힘들 겁니다."

손기정은 구름 한 점 없이 맑게 갠 하늘을 올려다보면서 중얼거렸다.

"기다려라, 베를린. 우리가 간다!"

나는 **코리아**의 **마라토너**다

1936년 8월 9일 일요일, 경성은 온종일 비가 내렸다. 며칠 동안 이어진 장맛비는 도무지 그칠 기미가 보이지 않았다. 밤이 되자 빗줄기는 더 거세졌다. 그런데 그 비를 뚫고 광화문통에 우산 쓴 사람들이 모여들기 시작했다. 이들은 마치 약속이라도 한 듯 동아일보 건물 앞에서 걸음을 멈췄다.

어느새 수백 명이 동아일보 앞을 에워쌌다. 그들은 모두 2층 창가에 매달려 있는 스피커를 올려다봤다. 스피커에서는 일본 NHK 라디오 방송이 흘러나오고 있었다.

"여기는 제11회 베를린 올림픽 경기가 펼쳐지고 있는 주경기장입니다. 이곳에서 곧 마라톤 경기가 펼쳐질 것입니다. 지금 선수들이 출발선에 나와 서 있습니다. 우리 대일본 제국을 대표하는 선수들의 모습도 보입니다."

아나운서의 흥분된 목소리가 광화문통에 울려 퍼졌다. 사람들은 행여 일본 아나운서의 말을 한마디라도 놓칠까 봐 숨죽였다. 얼마 뒤 스피커에서는 출발 신호 총소리가 터져 나왔다. 그 소리가 들리는 동시에 사람들은 두 사람의 이름을 외쳤다.

"손기정!"

"남승룡!"

손기정은 출전 선수 46명 중 스물두 번째로 주경기장을 빠져나왔다. 맨 앞에 선 선수는 지난 올림픽에서 금메달을 딴 자발라였다. 자발라는 단거리 경주를 하듯 아주 빠르게 내달렸다. 자발라를 처음 본 손기정은 흠칫 놀랐다.

'내가 가장 빠르다는 건 잘못된 생각인지도 모른다. 과연 자발라를 따라잡을 수 있을까?'

후텁지근하고 끈끈한 바람이 온몸에 들러붙는 듯했다. 손기정은 달리면서 흔들리는 마음을 이내 다잡았다.

'내 기록을 내는 데 충실하면 된다. 그것으로 충분하다.'

손기정은 가벼운 마음으로 달려 나갔다. 5킬로미터 지점을 지나면서 손기정은 다섯 번째로 뛰고 있었다. 선두는 여전히 자발라였다. 오후가 되자 더위가 더욱 기세를 떨쳤지만, 자발라는 흔들리지 않았다. 손기정은 영국 선수인 하퍼와 나란히 뛰면서 호흡을 맞췄다. 반환점을 돌면서 손기정은 하퍼와 함께 2위로 올라왔다. 남승룡도 8위로 선두 그룹을 바짝 따라붙었다.

27킬로미터 지점에서 손기정은 속도를 높였다. 하퍼를 떼어 놓고 자발라의 뒤를 쫓았다. 손기정은 자발라가 쓴 흰 모자를 뚫어지게 바라보면서 달렸다.

'조금만 더, 조금만 더!'

손기정은 코너를 돌 때 자발라의 얼굴이 고통으로 일그러져 있는 걸 언뜻 보고는 자신감이 솟구쳤다.

'할 수 있다!'

손기정은 자발라의 가쁜 숨소리를 들으면서 한 발 한 발 힘껏 내디뎠다. 결승점을 12킬로미터 정도 앞둔 지점에서 자발라가 느닷없이 앞으로 고꾸라지고 말았다. 힘에 부치도록 빨리 달린 탓이었다.

이제 손기정 앞에는 아무도 없었다. 따라오는 선수도 보이지 않았다. 그는 혼자였다. 그의 곁에 있는 건 긴 그림자와 그의 입에서 토해 나오는 숨소리뿐이었다. 손기정은 알고 있었다. 경쟁자도 없이 혼자 남은 이 순간이야말로 가장 힘든 싸움이란 걸.

손기정은 울창한 숲으로 뒤덮인 공원을 가로지르면서 그동안 자신을 뒷바라지해 준 얼굴들을 떠올렸다. 아들이 뜀박질을 잘하는 걸 못마땅해한 아버지 몰래 신발을 사 주신 어머니와 스승과 선배들. 손기정은 그들을 떠올리면서 마지막 힘을 다했다.

멀리 올림픽 주경기장이 보이자 손기정은 가슴이 뜨거워졌다. 심장이 터질 것 같은 고통도 사라졌다. 주경기장이 점점 가까워지면서 손기정은 아련히 들려오는 함성을 들었다. 그 소리는 손기정이 주경기장에 들어서는 순간 마치 거대한 파도

처럼 손기정을 뒤덮었다.

손기정은 10만 관중의 환호를 받으면서 마지막 100미터를 돌고 결승점에 닿았다. 손기정의 꿈이자 모든 조선 사람의 간절한 바람은 그렇게 화려하고 장엄하게 이뤄졌다. 지친 기색도 없이 손기정은 2위인 하퍼를 뒤따라 들어오는 남승룡을 맞았다.

10만 관중의 환호를 받는 두 마라토너는 분명 조선 사람이지만, 시상식에서는 일장기가 깃대를 타고 올랐다. 시상대에 오른 손기정은 주경기장에 퍼지는 기미가요를 들으면서 가슴에 차오르는 눈물을 삼켰다. 손기정은 펄럭이는 일장기를 보면서 결심했다.

'우리의 태극기는 어디 있단 말인가. 다시는 일장기 아래에서는 뛰지 않을 것이다.'

손기정은 금메달을 딴 선수에게 주는 월계수 묘목으로 자신의 가슴에 붙어 있는 일장기를 가렸다. 전 세계 사람들은 1위와 3위를 한 두 선수가 시상식 내내 고개를 숙이고 있는 걸 이상하게 여겼다.

마라톤 영웅으로 떠오른 손기정. 하지만 그는 기뻐할 수 없었다. 손기정은 올림픽 금메달을 딴 가장 기쁜 날, 나라를 빼앗긴 아픔을 가장 절절하게 느껴야 했다.

시상식이 끝나고 손기정은 친구에게 엽서를 보냈다. 그가 쓴 말은 단 한마디였다.

슬프다.

영광의 우리 손기정 선수
머리에는 월계관, 두 손에는 감람수 화분!
마라톤 우승자 '우리 용사 손기정 군'

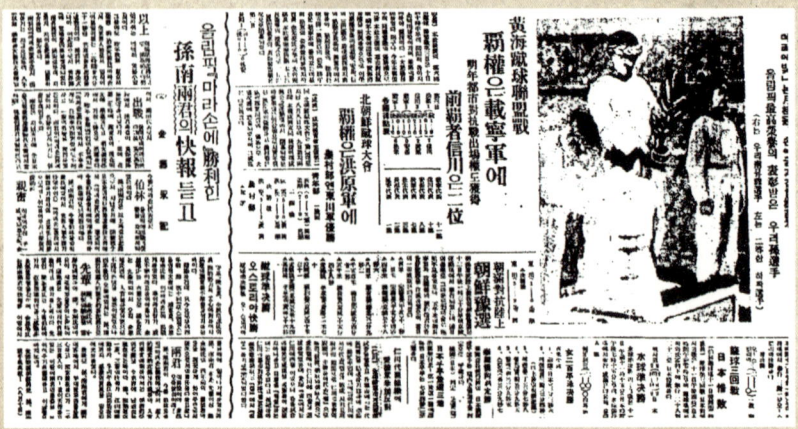

일장기 말소 사건 《조선중앙일보》 1936년 8월 13일자 손기정 우승 기사이다. 손기정의 가슴에 있던 일장기가 지워진 채 신문이 발행되었고, 이 사건을 계기로 《조선중앙일보》는 1937년에 폐간되었다.

평안북도 의주에서 태어난 손기정은 집안 형편이 어려워 어려서부터 돈벌이에 나서야 했다. 학교에 다녀오면 길거리를 돌아다니면서 여름에는 참외를 팔고, 겨울에는 군밤을 팔았다. 어릴 때부터 뜀박질에는 자신이 있던 손기정은 고등학생이 되면서부터 마라톤 선수로 활동했다. 기자가 손기정을 만난 것은 베를린 올림픽에서 우승을 차지한 뒤다.

마라톤 선수로 활동하기 전부터 오랫동안 달리기 연습을 해 온 것으로 압니다.

뜀박질을 시작한 건 아주 어려서부터죠. 학교가 꽤 멀었는데, 그 길을 늘 뛰어다녔으니까요. 나이가 들어서는 학비를 벌려고 점원으로 인쇄공으로 일하면서도 달리기 연습을 했습니다. 달리는 게 그저 좋았어요.

세상에 달리기 선수로 이름을 알리게 된 건 언제인가요?

열아홉 살 때부터 제가 사는 신의주는 물론 평안북도 내에서 벌어진 달리기 경주를 제가 다 휩쓸었지요. 조선 신궁 대회에 평안북도 대표로 출전하기도 했습니다. 이때 마라톤 종목이 있다는 걸 처음 알았지요.

달리기를 혼자 익히셨나요?

육상부에 뛰어난 선수가 많기로 이름난 양정고등보통학교에 입학

하면서부터 제대로 배웠습니다. 우리 학교 육상부는 정말 대단했습니다. 1932년 로스앤젤레스 올림픽 마라톤 대회에 출전해 6위를 한 김은배 선수도 우리 학교 학생이었지요.

베를린 올림픽에 출전하려면 여러 대회를 거쳐 실력을 인정받아야 했을 텐데요?

1차 예선 대회에서 우승하고, 그 뒤로 다른 대회에서도 모두 우승했습니다. 그것만으로는 부족했습니다. 일본 사람들은 올림픽에 자기네 선수가 나가길 바랐으니까요. 그래서 더 이를 악물고 뛰었습니다. 결국 일본 선수권 대회에서 우승을 차지해 당당히 대표 선수가 되었지요.

올림픽 시상식 때 손에 들고 있던 화분을 가슴 높이 올리고 사진을 찍으셨더군요.

시상대에 올라섰는데 일장기가 펄럭이는 게 눈에 들어왔습니다. 나라 잃은 설움이 복받쳐서 고개를 들 수 없었습니다. 가슴에 붙은 일장기를 가리려고 화분을 높이 들었습니다. 3등을 차지한 남승룡 선수는 일장기를 가릴 화분이 없었던 걸 못내 아쉬워했습니다.

《동아일보》와 《조선중앙일보》가 손기정 선수의 시상대 사진을 기사에 실으면서 일장기를 지운 일로 시끄러웠습니다.

네, 그랬지요. 기자들이 고초를 당했다는 얘기를 듣고 정말 더는 달리고 싶지 않았습니다. 제가 귀국할 때 일본 경찰은 마치 죄인을 다루듯 하면서 감시했습니다. 환영 행사도 못 하게 막았지요. 마라톤 우승을 반납하고 싶은 심정이었습니다.

손기정은 1947년에 선수 생활을 그만두고 감독의 길을 걸었다. 그는 베를린 올림픽 때 부상으로 받은 청동 투구를 50년 만인 1986년에 찾아왔다. 손기정은 투구는 우리 민족의 것이라며 나라에 기증했다.

– ○○○ 기자

손기정(1912~2002) 1936년 베를린 올림픽 당시 결승선에 들어서는 모습이다. 42.195킬로미터를 2시간 29분 19.2초에 완주하며 당시 세계 신기록을 세웠다.

이재유

모두가 평등한 세상을 꿈꾸다

토막촌의 은밀한 목소리

　종로는 양복을 빼입은 남자들과 양산을 펼쳐 든 여자들로 북적였다. 그들 사이로 때에 찌든 삼베 저고리를 입은 지게꾼이 짐을 짊어지고 부지런히 걷고 있었다. 지게꾼은 자전거와 인력거를 요령껏 피해 걸었다. 그는 간혹 베수건으로 목덜미 땀을 훔치면서 곁눈질로 주위를 살폈다. 그러다가 일본 경찰이 앞을 지나가기라도 하면 작대기를 양손으로 모아 쥐고는 공손하게 머리를 조아렸다.
　지게꾼은 종로를 지나 청계천 길로 접어들자 작대기를 앞뒤로 휘저으면서 걸음을 빨리했다. 여름이 지났는데도 청계천에 고인 오물 냄새가 코를 찔렀다. 청계천 물은 마치 먹물을 풀어 놓은 듯 거무튀튀했다. 그래도 그 물에 아낙들은 빨래를 했다. 아낙을 따라 나온 어린 사내아이는 아랫도리를 드러낸 채 탐방탐방 물장구를 쳤다.

"저런, 감기 들라."

지게꾼은 걸음을 늦추고 사내아이를 내려다보면서 숨을 돌렸다. 하지만 그것도 잠시, 지게꾼은 수표교를 건너오는 남자와 눈이 마주치자 걸음을 서둘렀다. 봇짐을 짊어진 남자는 슬쩍 사방을 둘러보고는 지게꾼의 뒤를 따랐다.

지게꾼은 신당동 토막촌으로 들어섰다. 토막촌에는 널빤지를 얼기설기 허술하게 박아 세운 옹색한 집들이 바위에 붙은 따개비처럼 따닥따닥 붙어 있다. 이곳에는 일본인들한테 땅을 빼앗기고 일자리를 찾아 시골에서 경성으로 몰려온 사람들이 주로 살았다. 끝도 없이 오르는 경성 집값을 감당할 수 없는 이들은 오물 처리장이 가까이 있어 고약한 냄새가 진동하는 이곳에 땅을 파고 집을 지었다. 말이 집이지 토끼 굴만도 못했다.

지게꾼은 미로처럼 얽혀 있는 토막촌의 좁은 길을 훤히 꿰고 있는 듯 재빠르게 걸었다. 그는 토막촌 깊숙이 들어가 외벽 빨랫줄에 저고리를 내건 집으로 쑥 들어갔다. 지게꾼을 멀찌감치 따라오던 남자도 그 집 앞에 서더니 사방을 둘러보고는 문짝 대신 쳐 놓은 거적을 슬쩍 들치고 안으로 들어갔다. 어느새 해는 서쪽으로 뉘엿뉘엿 기울고 있었다.

토굴처럼 어두컴컴한 집 안에 들어선 지게꾼은 지게를 내려놓고 천장에 매달린 남포등에 불을 붙였다. 지게꾼이 심지를 높이자 어른 둘이 누우면 꽉 찰 것 같은 옹색한 집 안 풍경이 고스란히 드러났다. 사방 벽마다 널빤지 틈새를 막은 거적이 걸려 있고, 바닥에는 멍석이 깔려 있었다. 살림살이라고는 한쪽 벽에 덩그러니 놓여 있는 사과 궤짝 두 개가 다였다. 지게꾼은 봇짐 짊어진 남자가 집 안으로 들어서자 환하게 웃으며 손을 맞잡았다.

"이현상 동지, 반갑습니다. 오느라 애썼지요? 나도 오늘 종로 바닥을 다섯 바퀴나 돌았습니다. 별표고무하고 소화제사가 파업한 뒤로 경성 시내에 순사가 쫙 깔렸습니다. 한시라도 방심했다가는 큰일 나겠습니다."

지게꾼의 말에 이현상은 고개를 끄덕이며 웃었다.

"이재유 동지, 오늘 보니 지게 짊어진 모습이 꽤 그럴듯하군요."

"제가 본래 아무 옷이나 입어도 척척 잘 어울립니다."

지게꾼 행세를 한 이재유는 껄껄 웃다가 목소리를 낮췄다.

"서울고무는 잘 진행되고 있지요?"

"고무신 공장 작업 환경이 보통 나쁩니까. 근래 들어서는 천연고무 가격이 크게 올라 임금을 해마다 줄이고 있습니다. 지독한 악취가 풍기는 데서 열두 시간을 꼬박 일하는데도 돈은 적지, 게다가 공장 감독까지 횡포를 부려서 여공들 불만이 대단합니다. 불량을 낸 여공은 따귀를 때리고 희롱한다더군요. 감독 교체를 요구 조항으로 내걸면 여공들의 호응이 클 것 같습니다. 종연방직은 어떤가요?"

"방직 회사 사정도 매한가지입니다. 방직 공장이라는 게 종일 붙박이처럼 서서 열여덟 시간을 일해야 하니 사람이 살겠습니까? 그나마도 요즘 회사가 생산성 떨어진다고 다그쳐서 일하다 쓰러지는 여공들도 있다고 들었습니다."

이재유는 며칠 전 밤늦게 퇴근하던 종연방직 여공들을 본 얘기를 했다. 여공들은 하나같이 바람이 불면 날아갈 듯 마른 데다 얼굴은 핏기 하나 없이 창백했다. 그들 중에는 견습생으로 보이는 어린 여공들도 있었다. 일본 자본가들이 운영하는 방직 회사들은 일부러 어린 여공들을 고용해서 '견습' 딱지를 붙이고 임금을 어른의 삼분의 일만 줬다.

"종연방직에서는 임금 인상과 처우 개선을 요구 조항으로 내걸려고 합니다. 이병희 동지 말로는 여공들 사이에서 어젯밤부터 은밀하게 파업 얘기가 오간다고 합니다. 이달 초 조선견직에서 파업을 해서 임금이 인상됐다는 소문에 여공들도 자신감을 보인다더 군요. 일단 낼모레 서울고무가 파업을 시작하면, 다음 날 종연방직이 이어서 파업을 하면 좋겠습니다."

"좋습니다. 한번 제대로 해봅시다."

이현상이 두꺼운 손으로 이재유의 어깨를 슬쩍 잡았다가 놓았다. 이현상의 눈은 남포등 불빛이 얼비쳐 붉게 타오르는 것처럼 보였다.

이재유는 문득 일본 감옥에서 이현상을 처음 만났을 때가 생각났다. 어깨를 쫙 펴고 꼿꼿하게 앉아 상대방을 바라보던 이현상의 눈빛은 그날도 이글이글 타오르는 것처럼 보였다.

"이현상 동지를 처음 본 날이 떠오릅니다. 그날 밤, 김삼룡 동지하고 우리 셋이 경성에서 노동 운동을 하자고 결의했지요."

"하하, 나도 그날이 엊그제처럼 생생합니다. 이재유 동지가 이렇게 말했지요. '저는 노동 운동을 했다는 이유로 잡혀 왔습니다. 저는 노동 운동이 뭔지 잘 몰랐습니다. 그런데 감옥에 있으면서 깨달았습니다. 일본은 우리 땅을 빼앗고, 일본 자본가들은 노동력을 착취하고 있습니다. 우리가 자본가의 횡포에 맞서 싸우는 것도 바로 우리 민족을 지키는 일입니다. 모두가 평등한 세상, 일하는 사람들이 대접받는 세상을 만들 때까지 끝까지 싸워야 합니다.' 라고 말이지요."

이현상은 이재유의 당찬 말투를 흉내 냈다.

"아니, 제 말을 어찌 그렇게 잘 기억하고 계십니까?"

"동지가 하도 당당하게 말해서 잊히지 않습니다. 나도 동지의 말을 들으면서 마음의 결심을 다시 했으니까요."

"그리 말씀하시면 제가 낯부끄럽지요. 어서 일이나 하지요."

이재유는 말머리를 돌리면서 남포등 심지를 좀 더 높였다. 그러고는 지게에 얹혀 있던 짐 보따리에서 종이 뭉치를 꺼냈다. 그 종이에는 종연방직 공장의 실태가 적혀 있었다.

이현상도 봇짐에서 서울고무 공장을 조사한 종이를 꺼냈다. 종이에 적힌 내용은 둘과 함께 일하는 여성들이 공장에 들어가 직접 눈으로 보고 몸으로 겪은 것들이었다. 이현상은 이재유 옆에 바짝 당겨 앉으면서 종이를 들여다봤다.

"거참, 이렇게 우리 둘이 꼭 붙어 다니니 정분 나기에 딱 좋겠습니다."

이재유의 농담에 이현상이 껄껄 웃었다. 바로 옆에 붙어 있는 집에서 나는 아기 우는 소리에 이현상의 웃음소리가 파묻혔다.

토막촌의 밤은 으레 배곯은 아이의 울음소리로 시작되었다. 온종일 일을 찾아다니다 빈손으로 돌아오는 아비의 자식들은 배고픔에 지쳐서도 앙칼지게 울었다. 이재유와 이현상은 아이들 울음소리가 잦아들고 고단한 남자들의 코 고는 소리를 들으면서 하얗게 밤을 지새웠다.

여공들 힘을 합쳐 파업하다

이틀 뒤, 새벽안개가 걷히면서 신설리 서울고무 공장 앞에는 여공들이 하나둘 모여들었다. 다른 때보다 이른 출근이었다. 젖 달라고 보채는 아이한테 젖을 물리느라 날마다 늦던 여공도 모습을 드러냈다. 시댁 식구들 아침 밥상 차려 놓고 조밥 한 덩이 도시락에 챙겨 나오느라 늘 종종걸음 치던 나이 많은 여공도 벌써 정문 앞에 닿아 있었다. 여공들은 모두 약속이라도 한 듯 입을 꾹 다문 채 그림자처럼 조용히 움직였다. 공장 뒤로 해가 떠오를 무렵 정문 앞에는 여공 100여 명이 빼빼하게 모여 있었다. 그들은 공장 문이 활짝 열려 있는데도 들어서지 않았다.

"시작합니다!"

공장 문 앞으로 한 여공이 성큼 나서면서 소리쳤다. 삼삼오오 모여서 눈치를 살피던 여공들이 일제히 몸을 돌려 공장 쪽을 바라

보고 섰다. 앞에 나선 여공은 목을 길게 빼고 큰 목소리로 외쳤다.

"우리는 그동안 몸이 부서져라 일했습니다. 고무 타는 냄새가 지독한 곳에서 여름이면 땀범벅이 되고, 겨울이면 약품 냄새에 찌들어 가며 죽도록 일만 했습니다. 그런데도 회사는 임금을 깎으려고만 합니다. 우리가 받는 임금이 많기나 합니까? 한 달 죽어라 일하고도 보리밥 한 번 넉넉히 먹을 형편이 못 됩니다. 그런데도 임금을 깎다니 말이 됩니까? 게다가 감독은 온갖 트집을 잡아 우리를 괴롭힙니다. 감독 때문에 오히려 일할 시간을 뺏기고 있습니다. 그래서 우리는 오늘 이 자리에 모두 모여 당당하게 회사에 요구합니다. 임금 인하 절대 반대, 악덕 감독 해고!"

그의 목소리가 쩌렁쩌렁하게 울려 퍼지자, 모여 있던 여공들은 모두 손뼉을 쳤다. 그리고는 임금 인하 반대와 악덕 감독 해고를 외쳤다. 여공들의 함성은 바람을 타고 퍼져 나갔다.

여공들은 회사 사무원들이 출근해 정문을 닫자 문 앞에 쪼그리고 앉았다. 가장 나이 많은 여공이 댕기 머리를 늘어뜨리고 불안하게 서 있는 어린 여공들을 보면서 큰 소리로 말했다.

"10년 전에 경성에서 고무 공장 여공들이 곡기를 끊고 파업을 했어. 요구 조건을 들어주지 않으면 굶어 죽을 각오로 싸운 거야. 수십 명이 지쳐 쓰러졌어도 멈추지 않았지. 결국 회사들은 손을 들고 타협했어. 우리도 그들처럼 싸워야지. 그래야 저것들을 이길 수 있어."

나이 많은 여공의 말에 어린 여공들은 고개를 끄덕였다. 여공들은 해가 하늘 높이 떠오를 때까지 앉은 자리에서 꼼짝하지 않았다. 여공 대표가 회사에 요구 조항을 전달했지만, 회사에서는 묵묵부답이었다. 아침부터 새까맣게 달려와 여공들을 둘러싼 일본 경찰들만 눈을 희번덕거리며 해산하라고 소리칠 뿐이었다. 해 질 녘 누군가 지친 동료들의 힘을 북돋우기 위해 노래를 불렀다.

"이른 새벽 통근차 고동 소리에 고무 공장 큰아기 벤또밥 싼다. 하루 종일 쭈그리고 신발 붙일 제 얼굴 예쁜 색시라야 예쁘게 붙인다나. 감독 앞에 해죽해죽 아양이 밑천 고무 공장 큰아기……."

여공들은 자신들의 서러움을 담은 노래를 함께 부르기 시작했다. 노래는 한참 동안 이어졌다. 퇴근길에 몰려든 구경꾼들은 여공들이 부르는 노랫소리에 귀를 기울이다 노래가 끝나자 손뼉을 쳤다. 구경꾼들 사이에 서 있던 지게꾼 행색의 이재유는 날바닥에 앉아 있는 여공들을 애처롭게 바라보다가 천천히 발을 돌렸다.

다음 날, 서울고무 공장에서 가까운 종연방직에서도 파업이 일어났다. 경성에서 일어난 파업 중에 가장 규모가 컸다. 500여 명의 여공이 임금 인상과 처우 개선을 요구하며 파업에 동참했다. 일본 경찰은 파업을 주동한 여공 5명을 검거했다. 이들 중에는 이재유와 함께 일하는 이들도 있었다. 여공 50여 명이 동료가 잡혀 갔다는 소식을 듣고 경찰서로 몰려갔다.

"우리가 무슨 죄가 있는가? 일한 만큼 돈을 주지 않는 회사한테 따지는 게, 그게 죄인가? 당장 구속한 이들을 풀어 줘라! 법에도 노동자의 권리를 보장한다."

여공들은 정문 앞에서 막아선 일본 경찰들과 몸싸움을 벌이며 소리쳤다. 지나가던 행인들은 치맛자락을 펄럭이면서 경찰들을 거칠게 밀어붙이는 여공들을 보고는 기겁했다.

"세상에나, 저러다 다 붙잡혀 갈라. 일본 놈들 무서운 줄 모르고……."

행인들은 걱정하면서도 여공들의 당당한 모습에 감탄했다. 주동자들이 붙잡혔지만, 종연방직의 파업은 며칠 동안 이어졌다. 회사에서는 출근하지 않는 여공은 모두 해고하고, 여공을 새로 뽑겠다고 발표했다.

"아이고 그래, 해고해라! 하루에 10전이나 많이 벌어야 20전 벌겠다고 누가 이 고생을 사서 하겠나? 그래 당장 해고하고 새 사람 뽑아 봐라!"

"저것들이 나라만 빼앗은 게 아니라 우리 뼛골까지 빼먹는다니까. 저것들이 자르기 전에 나도 더러워서 그만둔다!"

공장 앞에서 농성을 하던 여공들은 모두 콧방귀를 뀌었다. 종연방직은 여공들과 타협하지 않았고 300여 명을 해고했다. 하지만 당장 일손을 구하기 힘든 회사는 며칠 뒤 남자 직원들을 동원해 여공들을 찾아가 임금을 올려 주고, 구속된 여공들을 풀어 주고, 공장장도 바꿔 주겠다고 말하며 다시 출근하도록 했다. 서울고무에서는 여공들의 요구 조항 중 일부를 받아들여 임금을 깎지 않고 감독도 교체하기로 했다. 서울고무와 종연방직 파업은 다른 공장들의 파업으로 이어졌다.

일본 경찰은 경성에서 일어나는 파업을 뒤에서 조종하는 세력이 있다고 확신했다. 경찰은 파업을 이끌다 잡혀 온 이들을 고문해 이현상과 이재유가 지도자라는 걸 알아냈다. 형사들이 이 둘을 잡으려고 경성 곳곳을 은밀하게 헤집고 다녔다. 몇 달 뒤 한겨울에 이현상이 체포되었다. 이현상은 모진 고문을 받으면서도 끝까지 이재유에 대해서는 한마디도 하지 않았다.

형사들의 눈을 피해 다니면서 여전히 활동하던 이재유도 몇 달 뒤에 체포되었다. 하지만 서대문 경찰서에 구금되어 있던 이재유는 두 차례나 탈출을 시도해 세상을 깜짝 놀라게 했다. 결국 이재유는 두 번째 탈출 때 자신과 뜻이 같은 일본인 교수 집으로 몸을 숨겨 탈출에 성공했다. 서대문 경찰서는 수천 명의 경찰을 동원해 경성을 이 잡듯이 뒤졌지만, 결국 이재유를 찾아내지 못했다.

동에 번쩍 서에 번쩍

경찰들은 이재유가 경성을 빠져나갔을 거라고 짐작했다. 그러나 얼마 뒤, 이재유는 신당동 주택가 비탈진 길을 오르고 있었다. 이재유는 함께 활동하는 여성 활동가 박진홍과 신당동에 살림을 차리고, 경성부 토목과 측량 기사로 가장해 활동하고 있었다.

"오늘은 일찍 퇴근하는구먼."

"집에 떼 놓고 간 색시 보고 싶어서 일이 손에 잡히겠나?"

집 앞에 나와 앉아 있던 노인이 이재유를 보고 알은체를 했다. 이재유는 허리를 굽혀 인사하고는 밝은 목소리로 말했다.

"오늘부터 제가 야경꾼 일을 해서요. 일찍 퇴근했습니다."

"참 부지런한 젊은이야. 그래, 힘 있을 때 열심히 벌어야지. 그나저나 이따 밤에 우리 집에 들러 편지 한 통 봐 주게. 시골에서 편지가 왔는데, 까막눈이 뭘 보겠어."

아기를 둘러업은 노인의 말에 이재유는 고개를 끄덕였다. 동네 사람들은 이재유가 일본 경찰들이 잡으려고 혈안이 된 사회주의자인 줄은 짐작도 하지 못했다. 그저 친절하고 공부 많이 한 측량 기사인 줄만 알았다.

이재유는 아침마다 측량 장비를 옆구리에 끼고 골목길을 내려갔다. 그는 버젓이 경성 시내를 활보하면서 함께 일하는 사회주의자들을 만났다. 그는 뜻이 맞는 사람들을 모아 노동 운동에 더욱 힘을 쏟았다. 함께 사는 박진홍은 이재유가 경찰에 발각될까 봐 걱정했다.

어느 날, 박진홍이 이재유에게 조심스럽게 말을 꺼냈다.

"꼬리가 길면 잡힌다는 옛말도 있지 않습니까? 그렇게 돌아다니시다 잡히면 어쩌려고 그러십니까? 사회주의자들도 대부분 일본 경찰의 탄압을 피해 중국이나 러시아로 떠나고 있습니다. 그리 가는 게 어떻겠습니까?"

"노동자들을 위한 세상을 만들겠다는 사람이 나라 밖에 나가 무슨 일을 할 수 있겠소. 나는 노동 운동을 하겠다고 마음먹었을 때부터 노동자가 되어 노동자들 속에서 싸워야겠다고 다짐했소. 어떤 상황에 놓이더라도 나는 이 나라를 떠나지 않을 것이오."

이재유는 사뭇 진지한 얼굴로 단호하게 말했다. 박진홍은 그의 뜻을 헤아리고는 고개를 끄덕였다. 이재유는 금방 굳은 표정을 풀고 웃음 띤 채 박진홍을 바라봤다.

"나는 동지가 걱정입니다. 연약한 몸으로 너무 무리하는 게 아닌가 싶습니다."

이재유의 말에 박진홍이 배시시 웃었다. 손바닥만 한 창으로 아침 햇살이 스며들고 있었다.

며칠 뒤 박진홍은 집 앞에서 형사들에게 검거되었다. 용케 자리를 피한 이재유는 같이 일하는 이관술과 경성 외곽으로 빠져나갔다. 그들은 그곳에 땅을 사서 농사를 지으며 경찰들의 눈을 감쪽같이 피했다. 이재유는 직접 농사지은 곡식을 팔기 위해 경성을 드나들면서 신문을 만들어 뿌리는 등 활동을 계속했다.

1937년 5월 1일 《조선일보》 호외에는 탈주해서 신출귀몰하며 노동 운동을 이끈 이재유가 마침내 붙잡혔다는 기사가 대문짝만 하게 실렸다. 그 기사는 이재유가 경기도 경찰부 형사들한테 붙잡힌 지 5개월 뒤에 실린 것이다.

여러 공장의 파업을 이끌면서 일본의 간담을 서늘하게 한 사회주의자 이재유는 결국 지독한 고문의 후유증으로 1944년 감옥에서 숨을 거두었다.

이재유, 철통 같은 감시망을 뚫고 또다시 탈출
경성 내 경찰들 이재유 잡기에 혈안

경성에서 노동 운동을 이끌며 일본 제국주의에 맞서 싸우다 구속된 이재유가 지난 4월 13일 감옥에서 탈출했다. 이재유는 이미 지난 2월에도 서대문 경찰서에서 탈출했다가 잡힌 적이 있다. 경찰은 이재유가 다시 탈출을 시도할까 봐 자동식 수갑을 채우고, 발에는 쇳덩어리까지 매달았다. 하지만 이재유는 경찰을 조롱하듯 수갑과 족쇄를 풀고 감옥 창문을 넘어 탈출한 뒤 자취를 감추고 말았다. 경찰은 이재유를 감시한 일본인 순사 모리다를 의심해 조사하고 있다.

이재유(1905~1944)

이재유는 1905년 함경남도 삼수에서 태어났다. 산세가 험한 산골에서 자란 소년은 당차게도 열여덟 살에 가출해 경성으로 갔다. 그 뒤에 경성과 개성에서 공부하고 스물두 살에는 일본으로 건너간 뒤 노동자와 농민이 평등하게 사는 세상을 꿈꾸는 혁명가가 되어 우리 땅으로 돌아왔다.

기자가 이재유를 만난 건 1934년 4월, 서대문 경찰서에서 두 번째로 탈출하고 1년이 지난 뒤였다. 신분을 감쪽같이 속이고 경기도 양주에서 농사를 짓고 있는 이재유는 영락없이 농부의 모습이었다.

일본 경찰 3000여 명이 경성을 이 잡듯이 뒤졌다는데 용케 잡히지 않으셨군요? 지금은 농사만 짓고 있는 겁니까?

하하, 그러게요. 내가 사는 양주의 일본 순사들은 제가 농사꾼인 줄만 압니다. 물론 농사를 짓는 건 부업이지요. 제가 해야 할 일은 우리 땅에서 일본을 몰아내고, 노동자와 농민들이 편히 사는 세상을 만드는 겁니다. 요즘 함께 일할 사람을 모으는 중입니다.

일본에 계실 때부터 일본 경찰서에 70번이나 잡혀 들어갔다고 들었습니다. 일본에서 어떤 활동을 하셨습니까?

일본에 있을 때부터 노동 운동에 관심을 가졌습니다. 낮은 임금과 고된 노동에 시달리는 노동자들이 스스로 힘을 합쳐 세상을 바꿔야 한다고 생각했습니다. 그래서 여러 노동 단체에 들어가 활동했지요. 그 일로 결국 경찰에 붙잡혀 3년 동안 옥살이를 했습니다.

감옥에서 풀려난 뒤에도 계속 같은 활동을 하신 건가요?

경성에서 뜻이 맞는 사람들을 모아 노동 운동을 시작했습니다. 저와 동료들은 늘 당하고만 사는 노동자들을 깨우쳐 부당한 세상에 맞서 싸우도록 했습니다.

1933년에 경성에 있는 여러 공장에서 파업이 일어났는데, 그 일과 관련이 있다는 말씀인가요?

그렇습니다. 저나 제 동료들은 정당한 권리를 되찾으려는 노동자들을 도왔습니다. 우리 노동자들은 임금도 형편없이 적게 받는 데다 일하는 환경이 보통 열악한 게 아닙니다. 공장장들이 때리거나 욕설을 퍼부어도 당하기만 했지요. 이제 참지 말고 맞서 싸워야 합니다. 노동자들 한 명 한 명은 힘이 약하나 노동자 모두 힘을 모으면 세상을 바꿀 수 있습니다.

만주나 중국 땅에서는 독립운동가들이 총을 들고 일본에 맞서 싸우고 있습니다. 독립운동에는 관심이 없으신가요?

노동 운동이나 농민 운동은 결국 일본에 총부리를 겨누는 것입니다. 우리의 싸움도 민족 해방을 위한 싸움입니다. 독립운동과 다를 게 없지요. 저는 일본 제국주의를 물리치고, 노동자 농민이 모두 평등하게 사는 세상을 바라고 있습니다.

그러고 보니 일본 사람 중에도 뜻을 같이하는 사람들이

있다고 들었습니다. 서대문 경찰서에서의 두 번째 탈출을 도운 모리다 순사도 그런 사람이었나요?

네. 모리다 순사는 일본이 끊임없이 침략 전쟁을 일으키는 데 불만을 품고 있었습니다. 모리다 순사도 저와 같은 세상을 꿈꿨지요. 그와 많은 얘기를 했습니다. 결국 모리다 순사는 제가 탈출하는 걸 도왔습니다. 또 경성제국대학의 미야케 교수는 한 달 넘도록 저를 숨겨 주기도 했지요. 저는 그 집 방구들 밑에 토굴을 파고 숨어 있었습니다.

지금도 일본 경찰들은 당신을 잡으려고 눈이 벌겋습니다. 앞으로는 어떤 계획이 있으신가요?

저와 활동하던 수많은 동지가 붙잡혀 갔습니다. 그들을 대신해서 열심히 노동자와 농민과 함께 일본에 맞서 싸울 겁니다. 그것 말고는 다른 계획이 없습니다.

부디 뜻을 이루시길 바랍니다.

고맙습니다.

일본 경찰에 붙잡혀 일곱 번이나 탈출한 대기록을 세운 이재유는 1936년 12월 25일, 양주에서 경찰에 체포되었다. 이재유는 감옥에 있을 때도 조선어 사용 금지에 반대하는 싸움을 벌이는 등 끝까지 일본의 탄압에 맞섰다. 이재유는 1944년 감옥에서 숨을 거두었다.

– ○○○ 기자

이극로

한글을 지켜야 나라를 지킬 수 있다

마침내 **한글 맞춤법**이 **태어나다**

청계천을 맴도는 아침 바람이 무척 매서웠다. 여름내 아이들이 첨벙대던 청계천은 텅 비었다. 한 아낙이 물가에 쪼그리고 앉아 빨래를 헹구고 있었다. 이극로는 다리를 건너면서 새파랗게 언 아낙의 손을 힐끔 내려다봤다.

새벽에 일어나 두루마기를 곱게 다려 내놓은 아내의 얼굴이 떠올랐다.

"오늘 같은 날은 말끔한 양복이 있어 빼입으면 좋으련만, 당신이 무명 한복만 고집하니 어쩌겠어요. 사람들 앞에서 흉잡히지 않게 깨끗하게라도 입어야지요."

이극로는 살뜰하게 챙겨 주는 아내의 말을 되뇌며 혼자 배시시 웃었다. 냇가 바람에 하얀 두루마기 자락이 풀럭였다.

"바람이 허파에 들어갔는가? 혼자 뭐가 그리 좋아서 웃는가?"

이극로는 우렁우렁한 목소리에 돌아보지도 않고 대답했다.

"5전 선생이 뒤따라오는 줄 알고 웃었습니다."

"물불이 뒤통수에도 눈이 있는 줄은 까맣게 몰랐네. 그나저나 물불까지 나를 5전이라고 할 텐가?"

이극로는 뒤돌아 권덕규에게 머리를 숙여 인사했다.

"제 호가 고루인 줄 뻔히 알면서 물불이라고 부른 사람은 누구인데요? 선생님은 경성 사람들이 죄다 5전이라 부르니 저도 그럴 밖에요."

이극로는 권덕규를 보고 피식 웃었다. 권덕규는 오후 5시가 되면 어김없이 돈 5전을 들고 술집에 들른다 해서 '5전 선생'이라 불렸다.

"나야말로 조선어학회 일이라면 물불 가리지 않고 달려드는 이극로를 남들이 다 '물불'이라 하여 그리 부르지 않는가. 아무튼 물불! 드디어 오늘이 왔네 그려."

권덕규는 이극로의 팔을 슬며시 잡았다가 놓았다. 따뜻한 손길이었다. 이극로는 권덕규 옆에 바짝 붙어 서서 걸으며 부끄러운 듯이 입을 뗐다.

"밤새 잠을 설쳤습니다. 제 나이가 마흔하나인데 소풍 가는 아이처럼 들떠서…….."

"왜 아니겠는가. 고루보다 두 살이나 많은 나도 그러했다네. 아침이 어찌나 더디 오던지 몸이 달더군. 동살이 잡히는 걸 보고는 만세를 부를 뻔했다네."

"두 살 많은 선배님이 그러하시니, 어린 제가 들뜨는 건 당연한 일이군요."

"아무렴. 물불은 소풍 가는 아이처럼 그리 팔랑팔랑 걸어도 되는 나이라네."

권덕규는 발을 가볍게 떼는 이극로를 보면서 껄껄 웃었다. 이극로는 정말 몸이 붕 떠 있는 것 같았다. 조선어학회 사무실이 있는 조선 교육 협회 건물을 보고는 발걸음이 더 빨라졌다.

이극로는 사무실 앞에 걸어 놓은 조선어학회 명판을 보자 새삼스럽게 가슴이 뛰었다. 이곳으로 날마다 출근한 지 3년이 넘었는데, 마치 난생처음 마주한 것 같았다. 이른 아침이건만 사무실이 시끌벅적했다. 권덕규가 문을 열고 들어서자 사무실 안에 있던 사람들의 시선이 쏠렸다. 조선어학회 회원들이 벌써 죄다 나와 앉아 있었다. 카메라를 든 기자들도 눈에 띄었다.

"왔는가?"

이윤재가 환하게 웃으면서 권덕규와 이극로를 맞았다. 이극로는 지난 3년 동안 머리를 맞대고 일한 이들을 둘러봤다. 이윤재가 다가와 이극로에게 책을 건넸다.

"좀 전에 인쇄소에서 가져왔다네. 고루! 애썼네. 모두 애썼지만, 자네가 그야말로 물불 가리지 않고 뛰어다니느라 가장 고생 많았지."

"무슨 그런 말씀을……. 여기 계신 모든 분이 같이 이뤄 낸 일이지요."

이극로는 책을 받아 쥐고는 가슴이 벅차 말을 잇지 못했다. 권덕규가 이극로를 손으로 가리키면서 껄껄 웃었다.

"고루 좀 보게. 잘하면 어린애처럼 울음을 터뜨리게 생겼네."

이극로는 권덕규가 놀리는 소리가 귀에 들어오지 않았다. 이극로는 벅차오르는 감정을 애써 누르며 책의 표지를 들여다봤다.

'《한글 맞춤법 통일안》. 드디어 이제 첫발을 뗀 것이야.'

이극로는 고개를 들면서 천천히 입을 뗐다.

"모두 애쓰셨습니다. 지난 3년 동안 125번의 회의를 거쳐 완성한 한글 맞춤법 통일안은 우리 민족의 역사를 새로 쓰는 밑바탕이 될 것입니다. 1933년 10월 29일 오늘, 한글날 기념식 행사에서 이

통일안을 발표하는 순간이야말로 우리 민족의 숨통이 트이는 첫 함성이 될 것입니다."

"어허, 저 사람, 그리 말하다가는 일본 형사들이 시비 걸기 십상이야. 한글날 기념식 조용히 치르려면 모두 자중해야지. 총독부 놈들 우리가 하는 일을 경계하고 있잖은가. 아마 기회만 되면 미친개처럼 달려들어 물어뜯으려 할 거야."

권덕규의 말에 모두 고개를 끄덕였다. 이극로는 손에 들고 있는 《한글 맞춤법 통일안》을 가만히 품에 안으며 책상 앞에 앉았다. 그러고는 책자를 조심스럽게 책상 위에 올려놓았다.

한글날 행사를 취재하러 온 기자 한 명이 의자를 끌어와 이극로 앞에 앉았.

"오늘 한글날 기념행사는 명월관에서 치른다고요? 다른 해보다 참석자가 많겠습니다. '한글 맞춤법 통일안'을 발표한다니 모두 기대가 큽니다. 조선어학회가 생긴 이래 가장 큰 업적이지요? 이제 좀 쉬셔도 되는 건가요?"

"이제 시작입니다. 우리가 가야 할 곳으로 첫걸음을 뗀 것일 뿐이오."

"조선어학회가 갈 곳이라니요?"

"사전을 만들 겁니다. 우리 민족이 쓰는 우리말을 모두 담은 사전을 만드는 게 조선어학회의 사명이오."

이극로는 힘줘 말했다. 기자는 이극로의 말을 옮겨 적으면서 물었다.

"사전을 만드는 방대한 일을 하려면 돈과 시간이 필요할 텐데요. 게다가 총독부가 가만히 지켜보기만 할까요?"

"힘들겠지만, 우리가 반드시 할 일이오. 어떤 난관도 뚫고 나가야지요. 여기 있는 사람들이 죽기를 각오하고 할 테니 꼭 이룰 것이오."

기자는 이극로의 단호한 말에 얼른 말머리를 돌렸다.

"고루 선생님은 독일에서 경제학을 공부하지 않으셨습니까? 그 경력이라면 호의호식할 일자리를 얻기 쉬우실 텐데요."

이극로는 대답 없이 한참 동안 기자의 얼굴을 빤히 쳐다봤다. 말을 잘못했나 싶어 무안해진 기자는 더듬거렸다.

"그러니까 그게, 제 말은 이극로 선생님이 조선어학회에 들어오신 뒤로 일이 척척 되어 가긴 하는데…… 저는 선생님이 이곳에서 그 고생을 하시는 게 이해가 안 돼서요. 돈을 벌 수 있는 일도 아니잖습니까?"

"일본이 이 땅에 있는 한 돈 버는 일은 하지 않을 생각이오. 또한 내가 독일에서 공부한 것은 우리 민족을 살리고자 한 것인데, 나는 우리 한글을 지키는 것이 바로 우리 민족을 살리는 일이라고 믿소이다."

이극로의 쩌렁쩌렁한 목소리가 조선어학회 사무실에 울려 퍼졌다. 기자는 더 말을 하지 못하고 슬그머니 자리에서 일어났다.

사전을 만들기 위한 비밀 단체

《한글 맞춤법 통일안》이 나온 지 3년이 지난 뒤에도 조선어학회는 표준말을 정하느라 여전히 바빴다. 손기정이 베를린 올림픽에서 금메달을 따서 온 경성이 떠들썩하던 1936년 여름, 이극로는 어느 때보다도 부지런히 움직였다. 온종일 사무실에서 일하다가 해 질 녘이면 사무실을 빠져나와 은밀하게 사람을 만나러 다녔다.

"물불! 오늘은 또 어디로 물불 가리지 않고 가는가? 나는 온종일 떠들어서 목이 칼칼해 물불하고 술이나 한잔하려고 사무실로 들어가는 중이구먼……."

경성 방송국에서 '조선어 강의' 방송을 하고 나온 권덕규가 길에서 만난 이극로의 소맷자락을 붙잡았다. 이극로는 웃으며 가방에서 작은 봉투 하나를 꺼내 권덕규 주머니에 쑥 집어넣었다.

"아니, 이게 뭔가?"

"별거 아닙니다. 활동비 조금 넣었습니다. 오늘은 약주만 드시지 마시고, 든든하게 국밥도 드십시오. 저는 약속이 있어서 같이 못 갑니다. 내일은 5시 맞춰서 5전 들고 술집에 따라갈 테니 서운해 마십시오."

이극로의 말에 권덕규가 껄껄 웃었다.

"그래, 어서 가게나. 어디 가냐고 물어도 대답하지 않을 테니 묻지 않겠네. 하늘 보니 또 비가 쏟아지게 생겼어. 장마가 길기도 하지."

권덕규는 못내 아쉬워하면서 이극로의 소매를 놔줬다. 이극로는 권덕규에게 인사를 하고는 질퍽이는 진흙탕을 잰걸음으로 걸어갔다. 장맛비로 청계천은 누런 흙탕물이 넘실거렸다. 장마가 길어져 방방곡곡 물난리로 사람들이 죽고, 가옥이 무너졌다.

"나라가 이 지경인데 총독부는 창씨개명이니 내선일체니 떠들어 대기나 하고……."

이극로는 한숨이 절로 나왔다. 총독부가 조선 사람의 이름을 일본식으로 바꾸고, 학교에서도 일본 말을 쓰도록 하는 교육령을 준비한다는 소문이 파다했다. 일본은 조선 민족 문화를 뿌리째 뽑아 버릴 작정이었다.

"고루, 장마 탓입니까? 낯빛이 잿빛입니다. 혹 너무 무리하고 계신 건 아닙니까?"

동양극장 앞에서 만난 김양수가 이극로의 얼굴을 보고는 걱정하는 말을 건넸다.

"세상 돌아가는 꼴이 한심해서 그렇지."

"그러게 말입니다. 일본에 다 빼앗기고 껍데기만 남은 집 안에 물난리까지 났으니 엎친 데 덮친 격이지요. 그래도 사람들이 연극은 보는군요."

김양수는 동양극장 입구에 걸려 있는 간판을 올려다봤다. 간판에는 '명기 황진이'라 적혀 있었다. 이극로는 극장 앞에 세워져 있는 선간판에 적힌 글을 눈으로 훑더니 혀를 끌끌 찼다.

"한글 맞춤법을 지키지 않고, 이리 쓰면 되나."

"왜 간판 교정도 봐주시려고요? 내 참, 직업은 못 속입니다."

김양수는 피식 웃으면서 발걸음을 옮겼다. 이극로는 김양수와 나란히 걸으면서 문득 오래전 일이 떠올랐다. 8년 전 독일에서 공부할 때 이극로는 김양수와 함께 약소 민족 대회에 참여했다. 그 대회에서 이극로는 일본에 맞서 조선 사람들이 얼마나 치열하게 독립운동을 하는지 세계에 알렸다. 하지만 그의 목소리에 귀 기울이는 사람은 없었다.

"오래전 우리 둘이 나란히 프랑크푸르트 거리를 걷던 일이 기억나는군."

이극로는 부슬부슬 비가 내려서 더 쓸쓸하던 그날이 생생하게 기억났다.

"그러게요. 그날도 비가 내렸는데……. 만주에서 독립운동하려던 분이 한글만 붙잡고 있으니 답답하지는 않으십니까?"

"얼마 전 신채호 선생님께서 중국 땅에서 돌아가셨을 때, 나는 너무 편히 있는 게 아닌가 자책하기도 했다네. 그렇지만 독립운동가는 칼로 싸우고 우리는 펜으로 싸우는 것이니, 이왕 싸우려면 제대로 싸워야지. 그나저나 장현식 선생한테는 미리 귀띔이라도 했는가?"

"슬쩍 말은 해 두었습니다. 조선어학회에서 사전 편찬 비밀 후원회를 만들었다고요. 그러니 조선어학회의 물불이 왜 직접 찾아오는지 뻔히 짐작하고 있겠지요."

이극로는 김양수가 물불이라고 한 것이 우스워 빙싯 웃었다.

"어디 '물불'이라고만 하는가? 나를 '소'라고도 하는걸. 어디 이번에도 소의 뿔을 제대로 들이밀어 볼까?"

이극로는 걸음을 재촉했다.

김양수가 이극로를 데려간 곳은 장현식의 사무실이었다. 장현식은 여러 학교를 세운 사회 사업가로 비밀리에 독립운동 단체에 자금을 대 주고 있었다.

장현식은 이극로를 보자 반갑게 손을 내밀었다.

"말씀 많이 들었습니다. 늘 무명 한복 차림이시라고 들었는데, 실제로 보니 한복이 아주 잘 어울리십니다."

장현식은 작고 단단한 체구의 이극로를 눈으로 훑었다. 장현식의 눈빛은 매서웠다. 그는 곧바로 얘기를 꺼냈다.

"그래, 사전을 만든다고요? 듣기로는 몇 년 전에 총독부에서도 일본 학자들을 동원해 조선 사전을 만들었다고 하던데요?"

"그 사전은 총독부에서 일본 관리들에게 조선말을 가르치려고 만든 것이지요. 우리가 만들 사전은 다릅니다. 우리 사전은 우리 땅에서 쓰는 모든 말을 모아 기록하는 책이 될 겁니다."

이극로는 주저하는 기색 없이 술술 이야기를 시작했다.

"우리 조선어학회에서 만드는 사전은 우리말을 지키기 위한 것입니다."

"우리말을 지킨다? 나라도 못 찾는 마당에 말을 지키는 게 그리 중요합니까?"

장현식은 의자에 등을 기대면서 이극로를 지그시 쳐다봤다.

"한글을 널리 알리는 데 힘쓴 주시경 선생님께서는 이런 말씀을 하셨습니다. 우리말과 우리글, 민족혼을 지킨다면 반드시 일제의 굴레에서 벗어나는 날이 올 것이라고. 프랑스의 소설가 알퐁스 도데는 백성이 노예가 되었다고 해도 말을 간직하고 있으면 감옥의 열쇠를 가진 것과 같다고 했지요."

"감옥의 열쇠를 갖고 있는 것이라······."

장현식이 천장을 올려다보면서 중얼거렸다. 이극로는 장현식의 얼굴을 살피며 말을 이었다.

"제가 독일에서 공부를 마치고, 잠시 아일랜드에 들렀습니다. 그런데 아일랜드의 모든 표지판이 영어로 적혀 있더군요. 영국은 아일랜드의 말까지 빼앗아 버린 겁니다. 우리는 결코 그리 당해서는 안 됩니다."

이극로의 목소리에는 힘이 넘쳤다. 장현식은 등을 꼿꼿이 세우고 앉아 이극로의 말에 귀 기울였다.

"그래, 지금 사전 작업이 진행되고 있다고요? 올해 한글날에는 표준말도 정해 발표한다고요?"

"여러 사람이 방방곡곡을 다니며 말을 모으고 있습니다."

"말을 모은다. 참 아름다운 말입니다. 우리말을 잘 모아 좋은 사전을 펴내십시오. 그 사전이 우리 민족을 지킨다니, 이 땅에 사는 한 사람으로 가만있을 수 없지요."

장현식은 책상 서랍에서 흰 봉투를 꺼내 와 이극로 앞에 내놓았다. 이극로는 선뜻 봉투를 받지 못했다.

"말 몇 마디에 뜻을 함께하신다고 하니, 되레 제가 당황스럽습니다."

장현식은 껄껄 웃으면서 이극로에게 손을 내밀었다.

"그러지 않아도 바쁘신 분을 더 붙잡고 있을 수 있습니까? 학자들이 말을 모으느라 고생할 텐데, 돈 있는 이는 돈이라도 모아야지요. 부디 조선의 사전을 세상에 내놓으시기 바랍니다."

이극로는 장현식의 손을 두 손으로 꼭 잡았다.

"고맙습니다. 사전을 반드시 만들어 내겠습니다. 우리말이 살아 있는 한 우리 민족이 사라지는 일은 없을 것입니다."

우리는 어떤 굴욕도 참아 낼 것이다

조선어학회는 '조선어 표준어'를 발표한 뒤 3년 동안 사전을 만드는 일에 매달렸다. 조선어학회 사무실은 늘 쥐 죽은 듯 조용했다. 이극로의 고향 친구인 이우식은 사무실 문에 붙어 있는 쪽지를 작게 읊었다.

"일없는 사람은 들어오지 마시고, 이야기는 간단히 하시오."

이우식은 빙그레 웃었다. 이극로가 써 붙인 게 틀림없었다.

"지독한 친구가 숨도 안 쉬고 일하는가 보네. 그리 일하다가 의자에 엉덩이가 들러붙겠구먼."

이우식은 문을 소리 나게 두드리고는 기다렸지만 기척이 없었다. 이우식이 문을 빠끔히 열고 들어서도 알은 체하는 사람이 없었다. 모두 일하느라 책상에서 눈을 떼지 못했다.

사무실은 커다란 종이 상자 같았다. 사방 벽에는 종이쪽지가 붙어

있고, 커다란 책장에는 방방곡곡에서 모은 낱말 카드가 빼곡하게 정리되어 있었다. 퀴퀴한 종이 냄새가 코를 간질였다.

이우식은 도둑고양이처럼 살금살금 이극로의 책상 앞으로 걸어

갔다. 이극로는 낱말 카드에 글을 쓰고 있었다. 이우식은 이극로의 책상을 살짝 두드렸다. 이극로는 전혀 놀라는 기색 없이 고개를 들어 이우식을 쳐다봤다.

"왔는가?"

이극로는 다른 사람들에게 방해되지 않도록 들릴 듯 말 듯 작은 목소리로 말했다. 이우식은 책상 위에 있는 종이에 글자를 적었다.

친구 얼굴 본 지 하도 오래되어서 왔는데, 얼굴 봤으니 가겠네.
그나저나 총독부에서 조선어학회 회원들도
신사 참배를 하라고 했다고 들었는데, 어찌 된 건가?

이극로는 그 글을 보고는 자리에서 일어나 이우식을 작은 방으로 데려갔다. 방에 들어서자 이우식은 한숨을 내쉬면서 의자에 털썩 앉았다.

"숨이 막혀 혼났네. 다들 참 열심히 일하는군."

"말을 다 모아 정리를 끝냈다네. 며칠 뒤에 사전 원고를 마무리할 거라네. 요즘 막바지 작업을 하느라 더 정신없이 바쁘지. 그러지 않아도 총독부에서 조선어학회도 어서 신사 참배를 하라고 다그치더군. 우리 땅을 침략한 놈들의 신한테 대놓고 머리를 숙이라니 말이 되는가?"

"여러 학교가 신사 참배를 거부해서 강제로 학교 문을 닫지 않았는가? 조선어학회도 가만두지 않을 텐데……."

오래전부터 조선어학회 활동비를 지원해 온 이우식은 총독부가 횡포를 부릴까 봐 걱정했다.

"총독부 도서과에 가 봐야겠군. 그러지 않아도 요즘 자주 들러 그들의 비위를 맞추느라 애쓴다네. 사전 원고를 검열받기 전에 환심을 사려고 별짓을 다한다네. 그들을 만나서 신사 참배를 안 해도 되는지 떠봐야겠네."

이극로는 당장 총독부에 가 봐야겠다며 자리에서 일어났다.

"그 사람 참, 성미도 급하지. 친구가 왔는데 보리차 한 잔을 안 주고 내쫓네."

이우식은 피식 웃으면서 서두르는 이극로를 따라나섰다. 경성 시내는 온통 푸르데데했다. 경성 시내를 오가는 남자들이 하나같이 짙은 초록색 옷을 입은 탓이었다. 총독부는 일본이 중국 땅에서 일으킨 전쟁이 길어지자 물자를 절약해야 한다면서 여자들은 파마를 못 하도록 하고, 남자들은 머리를 짧게 깎도록 했다. 또한 남자들은 초록색의 군복 같은 국민복을 입게 했다.

"모두 일본 군인들 같군. 쌀이며 자원을 모두 전쟁터로 빼돌리는 것도 모자라 이제 청년들을 전쟁터로 몰아넣고 있으니 기가 막히네."

이우식이 낮은 목소리로 중얼거렸다.

"몇몇 작가들이 나서서 청년들에게 전쟁터에 나가 싸우라고 부추기더군. 미쳐도 단단히 미쳤어."

이극로의 성난 목소리는 골목에서 축구를 하는 아이들의 왁자지껄한 소리에 묻혔다. 사내아이 넷이 바람 빠진 공을 차면서 저희끼리 열을 올렸다.

"비켜!"

한 아이가 공을 차면서 내달리는데, 그 뒤를 따르던 키 큰 아이가 느닷없이 공을 차는 아이에게 총 쏘는 시늉을 했다.

"땅!"

이극로는 지나가다 멈춰 서 키 큰 아이에게 물었다.

"아니 왜 총을 쏘는 것이냐, 친구에게?"

"저 아이가 조선말을 했어요. 학교에서는 조선말을 하면 총을 쏘고, 선생님이 똑같이 나눠 준 딱지를 뺏어요. 딱지를 많이 모으면 상을 받아요."

키 큰 아이는 일본 말로 또박또박 대답하고는 공을 차는 아이에게 일본 말로 소리쳤다.

"너는 총에 맞은 거야!"

이극로와 이우식은 아이의 말에 기가 막혀 입이 떡 벌어졌다.

"작년에 총독부가 '조선 교육령'을 고쳐 학교에서 우리말을 가르치지 못하게 했잖은가. 학교에서 우리말을 쓰면 벌을 주거나 벌금을 내게 한다는 말을 듣긴 했지. 그렇지만 이 지경일 줄이야……."

이극로는 뿌옇게 흙먼지를 일으키면서 공을 차는 아이들을 물끄러미 바라보면서 중얼거렸다.

"총독부가 아이들 입까지 단속하는 지경에 이르렀으니 어쩌면 좋은가? 아이들이 한글을 잊고 우리말을 쓰지 못한다면 결국 이 땅은 일본 땅이 되는 게 아닌가? 지독한 일본 놈들! 조선말을 하면 총을 쏴 죽여야 한다고 가르치다니……."

이우식은 일본 말로 떠들어 대는 아이들의 모습과 이극로의 굳은 얼굴을 번갈아 봤다. 이극로는 한숨을 내쉬면서 붉은 노을로 물들어 가는 경성 하늘을 올려다봤다. 하늘은 마치 불이 붙은 듯했다.

며칠 뒤 이극로는 조선어학회 회원들을 모두 사무실로 불러 모앉다. 이극로는 책상 위에 산처럼 쌓인 종이 묶음을 손으로 가리키며 말했다.

"이것이 바로 우리가 지난 몇 년 동안 심혈을 기울여 만든 사전 원고입니다."

이극로의 말에 사람들은 손뼉을 치면서 기뻐했다. 하지만 이극로의 표정은 어두웠다. 이극로는 박수 소리가 잦아들자 입을 뗐다.

"원고는 다 되었으나, 사전을 펴내려면 아마도 오랜 시간이 걸릴 것입니다. 무엇보다 총독부의 출판 허가를 받는 게 급합니다. 그러려면 총독부의 요구를 받아들여 신사 참배를 할 수밖에 없습니다. 사전을 위해서라면 우리는 어떤 굴욕과 시련도 참아 내야 합니다. 부디 이해해 주시기 바랍니다."

이극로의 목소리가 떨렸다. 사람들은 깊이 한숨을 내쉬면서 이극로를 바라봤다. 그들은 이극로의 눈에서 떨어진 눈물이 원고지 묶음에 뚝 떨어지는 것을 봤다.

사람들은 말없이 고개를 끄덕였다. 이극로는 동료들의 따듯한 눈빛을 보면서 큰 소리로 말했다.

"우리말을 지켜 낸 여러분의 땀과 눈물은 절대로 잊히지 않을 것입니다."

이극로의 목소리가 조선어학회 사무실 안에 쩌렁쩌렁 울려 퍼졌다.

조선어학회가 만든 《조선말 큰사전》은 해방 2년 뒤인 1947년에 세상에 나왔다. 6권으로 나뉜 이 사전이 모두 나온 것은 그로부터 10년이 지난 뒤였다.

조선어학회의 금자탑 《조선어 사전》 출판 인가
'가' 자 일곱 권 먼저 나온다

조선어학회에서는 지난 몇 년 동안 《조선어 사전》을 완성하려고 온 노력을 기울였다. 수많은 국어학자와 전문가가 낱말을 수집하고 정리해 해설을 썼는데, 일부 원고가 완성되어 총독부 도서과에 출판 신청을 했다. 이 사전의 출판은 우리 역사에 획기적인 일이며, 전 세계적으로도 의의가 크다.

총독부 도서과는 지난 3월 12일 검열을 끝내고 《조선어 사전》 출판을 인가했다. 이번에 인가를 얻은 것은 '가' 자를 정리한 일곱 권이다. 조선어학회는 빠른 시일 내에 인쇄에 들어가 일부만이라도 세상에 내놓을 계획이다.

1940년 3월 13일자 《동아일보》 기사 중에서

💬 기자가 이극로를 만난 곳은 경성 화동에 있는 조선어학회 사무실이다. 사무실 입구에는 '일없는 사람은 들어오지 마시고, 이야기는 간단히 하시오.'라고 적혀 있다. 사무실에는 사전을 만들려고 모은 낱말 카드를 넣은 상자가 빼곡하게 진열되어 있다. 무명 한복을 입은 이극로는 피곤해 보였다.

사전 만드느라 바쁘시지요? 날마다 밤이 깊어서야 퇴근하신다고 들었습니다. 본래 업무 시간은 아침 9시부터 오후 5시까지 아닌가요?
정해진 시간은 그렇습니다만, 일을 하다 보면 늦어지곤 하지요.

선생님은 독일에서 정치경제학을 공부하신 걸로 압니다. 어떻게 독일까지 가시게 되었습니까?
경상남도 의령에서 태어나 자란 촌놈이 바다 건너 유럽 땅을 밟기까지 참 많은 일이 있었습니다. 열여섯 살에 학교에 가고 싶어 부모님 몰래 도시로 갔어요. 그리고 독립운동을 할 생각으로 무작정 만주로 갔다가 모진 고생을 했습니다. 그 무렵 더 배워야겠다는 생각이 들었지요. 그래서 중국 상하이에 정착해 학교에 다니다 보니, 더 큰 세상에서 배우고 싶어 독일로 갔습니다.

독일에서 우리나라의 사정을 알리는 데 힘썼다고 들었습니다.
만주나 시베리아에서 일본군과 맞서 싸우는 독립운동가들을 생각하면 제가 한 일은 내세울 만한 일이 아닙니다. 독일에 있으면서 《한국의 독립운동과 일본의 침략 정책》 같은 책을 써서 우리 실정을 세상에 알렸을 뿐입니다. 또 벨기에에서 '약소 민족 대회'가 열렸는데, 저도 한국 대표로 참석했습니다. 그 대회에서 일본의 침략과 지배를 비판했지요. 우리나라 사람으로서 마땅히 할 일을 했을 뿐이지요.

이극로(1893~1978)

독일에서 경제학을 공부하신 분이 왜 한글 연구를 하시는지 궁금합니다.

저는 제가 다닌 베를린대학교에 조선어 학과를 만들고 4년 동안 조선어를 가르쳤습니다. 언젠가 한 학생이 제 강의를 듣다가 묻더군요. "왜 당신네 말은 철자법이 통일되지 않았는가? 사전이 없는가?" 그 말을 듣고 얼굴이 화끈거렸습니다. 그때부터 저는 한글 연구에 관심을 가졌습니다.

얼마 전 보성고등보통학교 교장직을 맡아 달라는 제의를 받으신 걸로 압니다. 그런데 거절하셨다면서요?

소문이 빠르군요. 저는 이미 오래전부터 말해 왔습니다. 나라가 독립하기 전까지 절대로 돈 버는 일을 하지 않을 거라고 말입니다. 저는 지금 사전 만드는 일만으로도 벅찹니다. 다른 곳에 눈을 돌릴 여유가 없습니다.

사전을 만드는 일이 그렇게 중요합니까?

사전을 만드는 일은 우리 한글을 지키는 일입니다. 한글은 우리 민족의 가장 훌륭한 자산입니다. 한글을 지키는 것이 곧 우리 민족을 지키는 일입니다. 두고 보십시오. 곧 우리가 만든 사전이 세상에 나올 겁니다.

1940년 조선어학회는 총독부에 사전 원고 일부를 보내 출판 허가까지 받아 냈다. 하지만 총독부는 1943년 조선어학회를 독립운동 단체로 몰아세우며 이극로를 비롯해 조선어학회와 관련된 사람 33명을 잡아 가두었다. 결국 사전은 1947년에야 출판되었다. 이극로는 해방 후 북한에서 한글 연구에 힘썼다.

– ○○○ 기자

《조선말 큰사전》 편찬 원고
최초의 우리말 대사전으로, 1929년부터 쓰이기 시작해 1942년 집필이 끝난 뒤 1947년에야 발행되기 시작했다. 국가기록원은 최근까지 훼손이 심한 부분을 복구하는 작업을 계속하고 있다.

부록

역사 선생님이 들려주는
일제 강점기 이야기

이성호
(서울배명중학교 교사, 전 전국역사교사모임 회장)

새로운 나라를 세우기 위한 끝없는 투쟁

일제의 무자비한 총칼에 맞서다

1910년 일본은 대한 제국의 주권을 강제로 빼앗고 조선 총독부를 설치했어. 조선 총독은 왕만큼이나 큰 힘으로 식민지 조선을 다스렸지. 군인인 헌병들이 사람들을 마구잡이로 잡아들이고 매를 때리며 겁을 주었어. 이렇게 총칼을 동원해 힘으로 억누르는 통치를 '무단 통치'라고 해. 무단 통치 아래서 사람들은 어떤 자유나 권리도 누릴 수 없었단다.

하지만 조국을 되찾겠다는 마음까지 억누를 수는 없었어. 독립을 꿈꾸는 사람들은 비밀 단체를 만들어 활동했어. 일제에 협력한 매국노들을 혼내 주고 독립군을 길러 낼 계획도 세웠지. 일제의 탄압으로 국내에서 활동하기 어려워지자 만주나 중국으로 건너가는 사람도 많았어. 이들은 동포들이 많이 사는 곳에 터를 잡고 신흥무관학교 같은 독립군 학교를 세우거나 독립운동 단체를 만들었어.

일제에 맞서 싸우면서 사람들은 단순히 조국을 되찾는 것이 아닌, 국민이 주인 되는 새로운 나라를 세워야 한다는 목표를 가지게 되었어.

대한민국 임시 정부를 만든 3·1 혁명

1917년 제1차 세계대전이 끝났어. '식민지 나라는 스스로 자기 민족의 운명을 결정해야 한다.'는 '민족 자결주의'가 전후 처리의 원칙으로 제기되었지. 이 소식을 들은 독립운동가들은 우리가 독립을 열렬히 원한다는 사실을 국제 사회에 알려야 한다고 생각했어. 이를 위해 대규모 만세 시위를 벌이기로 했지. '3·1 운동' 말이야.

일제의 무자비한 탄압 속에서도 두 달 동안 전국 각지에서 벌어진 이 운동은 우리 독립운동의 분수령이 되었어. 식민 지배에서 벗어나려는 열망이 얼마나 큰지 국제 사회에 알렸고, 독립운동을 더 조직적으로 전개하려면 임시 정부가 필요하다는 생각도 하게 되었지. 그 결과 1919년 9월, 상하이에서 대한민국 임시 정부가 수립되었어. '대한 제국'이 아니라 '대한민국', 즉 민주 공화국이 수립된 거야. 그런 점에서 3·1 운동은 단순한 독립운동이 아니라 새로운 나라를 세운 '혁명'이라고 볼 수 있어.

3·1 운동 소식은 만주에서 독립군을 길러 내고 있던 사람들에게도 큰 용기를 주었어. 이들은 드디어 결정적인 때가 왔다고 생각하고 국내로 쳐들어가기도 했지. 일제는 독립군 부대를 없애기 위해 만주로 군대를 보냈어. 1920년에 벌어진 봉오동, 청산리 전투에서 독립군은 이 토벌대를 크게 무찔렀지.

새로운 길을 모색하다

3·1 운동을 겪은 뒤 일제는 통치 방식을 바꾸었어. 헌병 경찰을 민간인 경찰로 바꾸고, 신문·잡지 발행과 단체 설립도 허용했어. 이렇게 약간 숨통을 틔워 주는 대신 친일 세력을 양성하려고 했어. 지주와 자본가를 지원해 주면서 자기편으로 만들려고 한 거야. 이렇게 '문화 통치'는 친일 세력을 늘려 우리 민족을 이간질시기려는 민족 분열 정책이었어.

3·1 운동 이후 독립운동가들 사이에서도 변화가 나타났어. 이전

까지는 민족이 하나로 뭉쳐 자본주의 체제의 독립된 민주주의 국가를 세우는 것이 목표였어. 이런 생각을 '민족주의'라고 해. 민족주의자들은 당장 일제의 지배에서 벗어나기는 불가능하니 차근차근 실력을 기르는 것이 중요하다고 생각했어. 국산품을 애용해서 우리 기업을 살리고, 교육을 통해 인재를 기르려 했지.

하지만 민주주의 국가라고 믿었던 나라들이 다른 나라를 침략해 식민지를 만드는 등 믿었던 민족 자결주의도 말뿐임이 드러나자 일부 독립운동가들은 크게 실망했지. 그들은 '사회주의'를 받아들였어. 토지와 기계, 공장 같은 생산 수단을 사회가 공동으로 소유하고, 그 혜택을 평등하게 나누자는 생각 말이야. 마침 혁명이 일어나 세계 최초로 사회주의 나라가 된 러시아가 식민지 해방 운동을 지원하면서 사회주의는 더욱 퍼져 나갔어.

사회주의자들은 노동자와 농민 등 일하는 사람들이 새로운 나라의 주인이 되어야 한다고 생각했어. 자본가에 맞선 노동자들의 파업 투쟁이나, 지주에 맞선 소작인들의 싸움이 매우 중요하다고 생각했어. 일본인 또는 친일 세력이 거의 모든 토지와 공장을 차지하고 있는 상황에서 노동자와 농민들의 투쟁은 단순히 이익을 위한 것이 아니라 일제에 맞서는 투쟁이기도 했지.

민족주의자(우파)와 사회주의자(좌파)의 최종 목표는 달랐지만, 하루 빨리 일제의 지배에서 벗어나야 한다는 생각은 같았어. 그래서 서로 힘을 합치기도 했지. 1926년 대한 제국의 마지막 황제인 순종의 장례식을 계기로 6·10 만세 운동이 일어났는데, 좌우가 함께 만세 시위를 준비했어. 이 일을 계기로 1927년 좌우가 힘을 합쳐 '신간회'라는 단체를 만들었지. 신간회는 1929년에 일어난 광주 학생 운동을 전국으로 확산시키는 데 큰 역할을 했어.

한편 만주 지역에서는 일제의 토벌로 큰 어려움을 겪던 독립군들이 다시 자리를 잡고 세력을 키워 나갔어. 일제의 관리와 군인들을 암살하고 관청이나 경찰서를 폭파해 일제와 맞서 싸우려는 사람도 생겨났어. 김원봉이 만든 '의열단'이 대표적이야. 1923년 종로 경찰서에 폭탄을 던지고 서울 시내 한복판에서 수백 명의 경찰과 총격전을 벌인 김상옥 등 의열단원들의 의거는 일제의 간담을 서늘하게 했어.

일제의 대륙 침략과 민족 말살 정책

1929년 대공황이 전 세계를 덮쳤어. 일본도 심각한 경제 위기에 빠졌지. 이 위기를 탈출하기 위해 일본은 전쟁을 선택했어. 1931

년 만주를 침략했고, 1937년에는 중국으로 쳐들어갔지. 1941년에는 미국까지 침공했어.

전쟁이 계속되면서 일제의 통치 방식도 바뀌었어. 특히 중일 전쟁 이후로는 사람과 물자를 전쟁에 동원하는 데 혈안이 되었지. 곳곳에 군수 공장을 세우고 쌀도 강제로 거둬 갔어. 무기를 만들기 위해 밥그릇, 숟가락까지 빼앗았대. 광산이나 군수 공장으로 한국인들을 끌고 가 제대로 임금도 주지 않았고, 지원병을 반강제적으로 모집해 부족한 병력을 채웠어. 나중에는 결국 의무적으로 군복무를 하게 하는 징병제를 실시해 젊은이들을 전쟁터로 끌고 갔지. 여성들을 일본군 '위안부'로 끌고 가는 만행을 저지르기도 했어.

한국인을 아예 일본인으로 만들려는 민족 말살 정책도 실시됐지. 한국어 대신 일본어를 쓰도록 하고, 우리 역사 대신 일본 역사를 배우도록 했어. 성과 이름까지 일본식으로 바꾸도록 했지. 일왕에게 충성하도록 강요했어.

이렇게 전쟁의 광기가 세상을 뒤덮으면서 일제에 투항하는 사람도 많아졌어. 뼛속까지 일본인이 되어 전쟁에 적극 참여해야 한다고 주장하는 친일 지식인들도 생겨났지.

일제에 맞서 전쟁에 나서다

일제가 만주를 침략하자 만주에서 활동하던 많은 독립군은 만주의 중국인들과 힘을 합쳐 일제에 맞서 싸웠어. 곳곳에서 한국인과 중국인 연합 부대가 만들어져 일제에 맞섰지. 특히 양세봉과 지청천의 부대가 유명했어. 사회주의자들은 아예 중국 공산당에 들어가 함께 싸우기도 했어.

만주가 완전히 일제의 지배 아래 들어가자 만주에서의 독립운동은 크게 위축되었어. 1933년 체포된 남자현 등 열혈 투사들이 잇달아 체포되었지. 많은 독립운동가가 소련이나 중국으로 건너갔어.

중국으로 건너간 김원봉은 암살이나 파괴 같은 방식으로 일제를 굴복시킬 수 없다고 판단하고, 일제와 맞서 싸울 군대를 조직하려 했어. 중국의 지원으로 군사 훈련을 받아 1938년 '조선의용대'를 만들었지. 나중에 이들 중 일부는 일제와 치열한 전투를 벌이고 있는 중국 공산당 지역으로 건너가 '조선의용군'으로 활약했어.

한편 대한민국 임시 정부를 이끌던 김구는 '한인애국단'을 조직해 파괴와 암살 작전에 나섰어. 1932년 이봉창은 일왕을 암살하려다 실패했지만, 같은 해 윤봉길은 상하이에서 일본군 장교들을 여럿 제거하는 데 성공했어. 이 일은 일제의 침략에 시달리던 중국인들에게 큰 감명을 주었어. 중국 국민당 정부는 이후 김구와 대한민국 임시 정부를 지원했어. 분열과 침체를 겪던 대한민국 임시 정부는 중국의 지원으로 다시 활동할 수 있었지.

중일 전쟁이 격렬해지자 대한민국 임시 정부도 1940년 일제와 전쟁을 치르기 위해 '한국광복군'을 만들었어. 대한민국 임시 정부로 힘을 모으기 위해 김원봉의 조선의용대도 한국광복군에 합류했지. 한국광복군은 일본에 선전 포고를 하고 연합군의 일원으로 전쟁에 참여했어. 미군의 도움을 받아 국내 진공 작전을 계획하고 특수 훈련을 받기도 했지.

우리말과 우리글, 우리 역사를 지키자

국내에서도 한국인을 일본인으로 만들려는 일제의 만행에 맞서 끝까지 싸우는 사람들이 있었어. 특히 사회주의자들은 노동자와 농민들에게 사회주의 사상을 일깨우는 것이 민족의 해방을 앞당기는 길이라고 믿었어. 이재유 같은 사람들은 노동자와 농민들을 앞세워 자본가와 지주, 나아가 일제에 맞서 싸워야 한다고 믿었어. 일제는 이런 사회주의 사상이 위험하다고 여겨 철저하게 단속

하고 탄압했지. 결국 1936년 이재유는 체포되었어.

　우리말과 우리글, 우리 역사를 지키려는 노력은 끊임없이 계속되었어. 1936년 베를린 올림픽에서 마라톤 금메달을 딴 손기정 선수의 사진에서 일장기를 지워 버린, 용기 있는 기자들도 있었지. 이극로를 비롯한 한글 학자들은 《조선말 큰사전》을 펴내 우리말과 우리글을 지키려고 했어. 일제는 이런 노력들도 독립운동이라 몰아세웠고, 1942년 '조선어학회 사건'을 조작해 한글 학자들을 감옥에 가두고 탄압했어.

　한국인은 열등하고 뭉치지 못하며, 다른 나라의 도움을 받아 발전해 왔다는 일제의 식민사관에 맞서 한국사의 독자성과 자주성을 증명하려는 노력도 있었어. 박은식, 신채호 같은 역사학자들은 주체적인 민족사를 쓰는 것이 또 하나의 독립운동이라고 믿었어.

최후의 결전을 준비하자

일제가 전쟁을 확대해 가자 독립운동가들은 머지않아 일제가 패망할 것이라고 확신했어. 일제가 패망하면 친일 세력을 처단한 뒤 좌우를 가리지 않고 독립운동 세력이 힘을 합쳐 새로운 나라를 건설해야 한다고 생각했어.

대한민국 임시 정부는 이런 생각을 담아 1941년에 '대한민국 건국 강령'을 발표했지. 건국 강령에는 민족주의와 사회주의의 주장이 어우러져 있었어. 새로운 나라는 국민이 주인이 되는 민주 공화국이어야 하며, 경제 활동의 자유를 인정하면서도 토지나 주요 산업은 국가가 소유하도록 했지.

　이런 생각은 국내에서도 마찬가지였어. 1944년 여운형은 몰래 '조선 건국 동맹'을 만들어 갑작스러운 해방에 대비하려고 했어. 이들은 대한민국 임시 정부뿐만 아니라 중국 공산당과 손잡은 조선의용군, 소련군에 합류한 독립군 세력과도 연락하려고 했어. 이런 준비 덕분에 일제가 갑자기 항복을 발표한 뒤 바로 '조선 건국 준비 위원회'를 만들어 건국 준비에 나설 수 있었던 거야.

투쟁으로 이룬 새나라

1945년 일제는 무조건 항복했고 우리나라는 해방을 맞았어. 일제를 패망시킨 것은 연합국이었지. 우리 손으로 일제를 몰아내지 못한 것은 못내 아쉬운 일이야. 국내 진공 작전을 준비하던 대한민국 임시 정부도 이를 안타까워했지. 하지만 우리가 저절로 해방을 맞은 건 아니야.

1943년 미국의 루스벨트, 영국의 처칠, 중국의 장제스가 카이로에 모여 회담을 열었어. 일본을 패망시킨 뒤 일본이 지배하고 있던 지역을 어떻게 할 건지 의논하기 위해서였지. 그 결과 다음과 같은 내용이 확정되었어.

"현재 한국민이 노예 상태에 놓여 있음에 유의하여, 앞으로 적절한 절차에 따라 한국에 자유와 독립을 줄 것이다."

이렇게 한 나라를 콕 집어 독립을 약속한 것은 아주 특별한 일이야. 어떻게 이런 일이 가능했을까? 우리의 치열한 독립 투쟁에 대해 잘 알고 있던 장제스가 대한민국 임시 정부의 요청을 받아들여 이런 내용을 추가한 거라고 봐. 이렇게 수많은 사람이 피땀 흘려 일제에 맞서 싸웠기 때문에 마침내 해방을 맞을 수 있었던 거야.

새로운 나라를 세우는 과정도 쉽지는 않았어. 남과 북이 분단되는 비극도 겪었지. 하지만 일제에 맞서 새로운 나라를 세우려 투쟁했던 역사는 우리가 나아갈 방향을 일러주는 등불로 남아 있단다. 우리 대한민국 헌법 전문을 같이 읽어 볼까?

유구한 역사와 전통에 빛나는 우리 대한국민은 3·1 운동으로 건립된 대한민국 임시 정부의 법통과 불의에 항거한 4·19 민주 이념을 계승하고…….

빼앗긴 나라의 위대한 영웅들

1판 1쇄 발행일 2016년 6월 7일
1판 5쇄 발행일 2024년 4월 1일

지은이 김해원
그린이 최미란

발행인 김학원
발행처 휴먼어린이
출판등록 제313-2006-000161호(2006년 7월 31일)
주소 (03991) 서울시 마포구 동교로23길 76(연남동)
전화 02-335-4422 **팩스** 02-334-3427
저자·독자 서비스 humanist@humanistbooks.com
홈페이지 www.humanistbooks.com
유튜브 youtube.com/user/humanistma **포스트** post.naver.com/hmcv
페이스북 facebook.com/hmcv2001 **인스타그램** @human_kids
편집 윤홍 정은미 **디자인** 유주현
스캔·출력 이희수com. **용지** 화인페이퍼 **인쇄** 삼조인쇄 **제본** 해피문화사

글 ⓒ 김해원, 2016

ISBN 978-89-6591-310-8 73910

- 이 책은 저작권법에 따라 보호받는 저작물이므로 무단 전재와 무단 복제를 금합니다.
- 이 책의 전부 또는 일부를 이용하려면 반드시 저작권사와 휴먼어린이 출판사의 동의를 받아야 합니다.
- **사용 연령 8세 이상** 종이에 베이거나 긁히지 않도록 조심하세요. 책 모서리가 날카로우니 던지거나 떨어뜨리지 마세요.